A Valerio,
in ricordo di una suggestione.

Tina o Maria – Riflessi di una vita
Ideazione e realizzazione 2020 © degli autori.
Testi, disegni, colori e copertina: Ivo Milazzo
Collaborazione ai testi: Anna Rita Graziano

Collana *Ivo Milazzo, 7*

Direttore Editoriale: Nicola Pesce
Ordini o informazioni: info@edizioninpe.it
Caporedattore: Stefano Romanini
Ufficio Stampa: Gloria Grieco
ufficiostampa@edizioninpe.it
Coordinamento Editoriale: Valeria Morelli
Correzione bozze: Stefano Romanini
Scansioni: Ligurgraf

Stampato tramite Tespi srl – Eboli
nel mese di NOVEMBRE 2021

Edizioni NPE
è un marchio in esclusiva di Solone srl
Via Aversana, 8 – 84025 Eboli (SA)

edizioninpe.it
facebook.com/EdizioniNPE
twitter.com/EdizioniNPE
instagram.com/EdizioniNPE
#edizioninpe

Tina o Maria
Riflessi di una vita

di
Ivo Milazzo
Soggetto, sceneggiatura, disegni e acquerelli
e
Anna Rita Graziano Peretti Cucchi
Collaborazione a testi, ricerche e documentazione

Prefazione di *Antonio Ricci*

NPE

«Sempre, quando le parole *arte* e *artistico* vengono applicate al mio lavoro fotografico, ho un'impressione sgradevole determinata certamente dal cattivo uso e dall'abuso che di questi termini si fa. Mi considero una fotografa, niente di più [...]
Desidero fotografare ciò che vedo, sinceramente, direttamente, senza trucchi, e penso che possa essere questo il mio contributo a un mondo migliore».

Tina Modotti, 1926

Prefazione

di Antonio Ricci

Tina Modotti era una fissa di Valerio (Peretti Cucchi), formidabile battutista e grande illustratore. A Striscia lo chiamavo l'"autore terzomondista", perché più che alle star era interessato ai comici non ancora sviluppati e a fenomeni che definire di nicchia sarebbe già un'esagerazione.

Trent'anni fa Assunta Adelaide Luigia Saltarini Modotti, detta "Tina", non era ancora protagonista di biografie più o meno romanzate né del progetto, per ora non realizzato, di un film interpretato da Madonna. La Modotti era di stra-nicchia, per palati *gourmet*. Come si poteva non restare affascinati da una bella donna con lo sguardo triste (il più intrigante), emigrata friulana, sartina, attrice, modella, scrittrice, prostituta d'alto bordo, fotografa, spia, volontaria del Soccorso Rosso Internazionale, agente provocatore?

Come si poteva restare insensibili di fronte a una compagna libera, emancipata, che collaborava con il periodico *obrero y campesino* «El Machete»?

La sua morte prematura le scatenò contro, da parte della stampa reazionaria, una formidabile macchina del fango. Fu Pablo Neruda, quando ancora i poeti venivano ascoltati, a difenderla con un'appassionata poesia: *Tina Modotti a muerto*.

…Puro è il tuo dolce nome, pura la tua fragile vita:
di ape, ombra, fuoco, neve, silenzio, spuma,
d'acciaio, linea, polline, si è fatta la tua ferrea,
la tua delicata struttura.
Lo sciacallo sul gioiello del tuo corpo addormentato
ancora protende la penna e l'anima insanguinata
come se tu potessi, sorella, risollevarti
e sorridere sopra il fango…

Solo sette anni della sua incredibile vita la sovversiva Tina aveva dedicato all'arte fotografica. Ero rimasto incantato dalla foto *Prospettiva con cavi telefonici* e, per un altro incredibile intreccio, ero venuto a sapere che, quando era in Germania, si era incontrata con Ella Winter, giornalista e attivista.

Ella, sposata con quello che era allora il re dei "muckraker", il giornalista d'inchiesta Lincoln Steffens, aveva abitato per un certo periodo ad Alassio in quella che sarebbe diventata la mia casa.

Si trasferirono poi in California a Carmel-by-the-Sea, dove avevano come vicino Edward Weston, l'amato maestro di fotografia di Tina, ma anche Steinbeck, Miller, Sinclair Lewis.

Ho trovato stupendo che il mitico Ivo Milazzo abbia deciso di sviluppare e realizzare l'idea di cui Valerio gli aveva parlato poco prima di morire.

Commovente il fatto che la moglie di Valerio Anna Rita abbia contribuito all'opera.

...porque el Fuego no muere.

Genesi di un racconto

di Ivo Milazzo

Ho incontrato per la prima volta Tina Modotti negli anni '80, grazie a un libro capitatomi tra le mani che raccontava di questa bella donna dallo sguardo triste.

La sua esistenza complicata, che la condusse a una morte prematura, mi affascinò subito.

In quegli anni ero impegnato con le traversie di Ken Parker, personaggio anch'egli soggetto a complesse vicende narrative e editoriali, e il mio interesse per Tina si arenò a quella prima impressione.

All'inizio del terzo millennio fui invitato con altri ospiti a Imperia per la trasmissione radiofonica della RAI *Carta di riso*, scritta e condotta dal novarese Valerio Peretti Cucchi, autore satirico di libri, canzoni, *pièce* teatrali e collaboratore storico della rubrica televisiva *Striscia la notizia*, ideata da Antonio Ricci.

L'occasione mi diede l'opportunità di approfondire la conoscenza con il brillante creativo di sorrisi, estimatore dei miei disegni, finché una mattina lo incontrai a Chiavari insieme alla moglie Anna Rita, nei pressi di casa mia. Lo stupore fu generale, in particolare la sua scoperta di aver passato per anni le vacanze estive nella casa al mare dei genitori, proprio accanto a uno dei suoi autori di fumetti preferiti.

Avemmo altre occasioni per rinsaldare l'amicizia e, un giorno del gennaio 2003, Valerio mi telefonò per confessarmi l'intimo desiderio di realizzare insieme una storia insolita... proprio sulla vita di Tina Modotti! Aveva un'idea in testa e voleva parlarmene quanto prima.

Pochi giorni dopo un infarto improvviso si portò via lo scrittore.

La commemorazione di Valerio, organizzata dalla moglie e dal Festival della Satira nel teatro di Bordighera, mi diede la possibilità di condividere dal palco il progetto dell'amico scomparso con la platea colma di familiari, amici, attori e colleghi, mutandolo in un ideale impegno testamentario da concretizzare.

Ma quel progetto era rimasto nella mente di Valerio.

Non esisteva alcuna traccia scritta o appunto da elaborare.

Da quel momento iniziai a cercare e a raccogliere libri, italiani ed esteri, che trattassero l'argomento, coinvolgendo Anna Rita nel percorso di approfondimento sulle tante vicende di Tina Modotti, per un indispensabile afflato femminile nell'articolato impianto narrativo di una storia.

Scoprimmo subito che i vari testi, biografici o meno, si basavano su poche comprovanti documentazioni e su eventuali testimonianze di persone, sopravvissute a una conoscenza avvenuta in particolari accadimenti e circostanze o a un certo periodo di frequentazione, rivelatrici quindi di una semplice opinione su quella protagonista del XX secolo. Pertanto potevamo affidarci unicamente a quelle fonti, trovando nel frattempo ulteriori informazioni su possibili fatti reali per costruire una trama credibile e innovativa da raccontare con le parole e i disegni di un *graphic novel*.

Andare a Udine, dove era nata sul finire dell'Ottocento la protagonista del racconto, divenne essenziale per percepire certe sensazioni indefinibili e incontrare Riccardo Toffoletti del *Comitato Tina Modotti*, fotografo e presidente di una delle due associazioni cittadine a lei dedicate.

La visita della città e l'entusiasmo di Toffoletti al progetto furono fondamentali per respirare le atmosfere di alcuni luoghi, vedere la casa natale (ristrutturata e divenuta monumento locale) e reperire libri introvabili, editati dal *Comitato* sui tanti eventi da loro organizzati dagli anni '70 in poi.

Eh già, perché di Tina Modotti, dopo la morte avvenuta su un taxi a Città del Messico in una notte del 1942, non si è parlato fino alla fine degli anni '60 per la scarsità di notizie affidabili e le apparenze che ne facevano un personaggio indecifrabile circa la vita, l'attivismo politico, la fotografia.

Rimanevano, in apparenza, solo la figura di una donna dagli atteggiamenti libertini, fuori dagli schemi di genere imposti da una società puritana e maschilista di inizio Novecento, e la sua opera fotografica di pochi scatti (forse 300), per lungo tempo mai citata dai libri ufficiali di fotografia.

Dettagli confermati durante alcune chiacchierate sul tema dal mitico fotografo milanese Uliano Lucas, conosciuto in precedenza nell'umbra Città di Castello per il coinvolgimento creativo di entrambi nella campagna elettorale a sindaco di Mario Capanna del 2001. A distanza di trent'anni dalla scomparsa, Uliano è stato tra i primi a diramare in Italia notizie veritiere in merito a questa donna dalla vita breve e controversa, tramite una rivista da lui fondata, in seguito alla pubblicazione dello scambio epistolare tra la Modotti e il fotografo americano Edward Weston.

Le nebulose informazioni sulla vita artistica, l'attività politica e la morte inaspettata di Tina Modotti, vagamente avvolta di mistero, hanno contribuito senza dubbio a gettare ombre e incertezze sulla divulgazione dell'immagine di una persona scomoda a molti negli anni del dopoguerra.

Per superficialità, ipocrisia o interessi di parte, era ovviamente più facile sottacere o diffondere voci malevole e tendenziose – attricetta, puttana, comunista complice nella soppressione di dissidenti staliniani, spia della polizia fascista in Messico, praticante allieva fotografa di dubbio talento – piuttosto che vedere e riconoscere le indiscutibili capacità di una donna dalla vita autonoma, atipica per i tempi e di fatto assurta in anni più recenti a icona di movimenti femministi, e dalla visione rivoluzionaria nella sensibile denuncia iconografica delle disparità sociali, realizzata *on the road* con metodo personale e insolito impensabilmente al femminile dal 1923 al 1930.

Un essere umano che ha vissuto intensamente un periodo storico affascinante per le ferventi pulsioni artistiche, culturali e politiche, ma altrettanto orribile per il lento disgregarsi dei vetusti imperi europei con la conseguente spietata contrapposizione di ideologie socioeconomiche e politiche, degenerato poi in guerre civili e conflitti mondiali con milioni di vittime. A totale discapito della vita dell'uomo, della giustizia sociale e del benessere dei popoli.

Una donna che ha lottato sempre con le proprie capacità per trovare e vivere una dimensione esistenziale che somigliasse a lei e ai suoi ideali.

Dunque, una signora dalla tempra friulana e la bellezza mediterranea, con naturali debolezze ma unica e libera.

Con Anna Rita ho visionato tutto il materiale reperibile, fatto viaggi e visitato mostre di fotografia, condividendo nel tempo un'ipotesi narrativa, in attesa di una produzione editoriale di ampio respiro che offrisse la possibilità di definire adeguatamente il racconto.

Sentivo, però, che mancava ancora qualcosa per dare significato a un fumetto che trattasse la storia di una donna realmente esistita.

La recente disponibilità di Edizioni NPE a concepire una collana "Milazzo" con i lavori creativi realizzati in seguito al mio abbandono del prodotto seriale, mi ha permesso di far riemergere dal cassetto il progetto su Tina Modotti dopo quasi vent'anni.

Malgrado il normale desiderio dell'editore di uscire quanto prima con l'inedito, ho dovuto sfruttare ancora il tempo contrattuale per visualizzare il fulcro o il personale punto di vista, anomalo da tematiche e argomentazioni ampiamente dibattute nei decenni, su cui incentrare la sceneggiatura del libro da offrire ai lettori.

E comprendere quanto una persona qualunque possa essere nel proprio tempo incredibilmente straordinaria.

MEXICO CITY 1942
Milazzo

YAHIIIII!
HOKA HEY
CRACK
AH!
YUHUU! YUHUU!

BANG
BANG
BANG
BANG

HOOOUU!
CLAP CLAP CLAP CLAP CLAP
BUFFALO BILL, IL CAPO CHEYENNE COLPO DURO, ANNIE OAKLEY E I FIGURANTI RINGRAZIANO IL PUBBLICO PER LA CALOROSA ACCOGLIENZA!

...RICORDO ANCORA LA VOCE STRIDULA DELLO SPEAKER, MA IL WILD WEST SHOW DI BUFFALO BILL FU LA PRIMA IMMAGINE CHE EBBI DELL'AMERICA...
...UN'IMMAGINE PIENA DI COLORI E DI AVVENTURA.
QUELLO SPETTACOLO RICCO DI AZIONE E DI PERSONE FAMOSE SI ERA FERMATO PER UN GIORNO ANCHE A UDINE NEL MAGGIO DEL 1906, PROPRIO NEI CAMPI DI BORGO PRACCHIUSO VICINO A CASA MIA.
UN EVENTO UNICO CHE LA MIA SCUOLA VOLLE MOSTRARE AI BAMBINI...
...REGALANDOMI ALL'ETÀ DI NOVE ANNI L'EMOZIONE DI QUALCOSA CHE UN GIORNO SAREBBE ENTRATO NELLA MIA VITA...
...IN MANIERA VERAMENTE INCREDIBILE!

NEL GIRO DI BREVE TEMPO, IN REALTÀ.
DOPO IL RITORNO DALLA CARINZIA, PER UNA FAMIGLIA NUMEROSA COME LA NOSTRA, A CASA LA VITA ERA SEMPRE PIÙ DIFFICILE.
COSÌ PAPÀ DECISE DI RAGGIUNGERE LO ZIO FRANCESCO IN AMERICA, QUALCHE MESE PRIMA DELL'ARRIVO DEL CIRCO.
IN POCHI ANNI RIUSCÌ A RAGGRANELLARE IL DENARO NECESSARIO A PAGARE IL VIAGGIO IN CALIFORNIA PER MIA SORELLA MAGGIORE MERCEDES E POI PER ME QUANDO EBBI 17 ANNI.
ARRIVANDO IN UNA CITTÀ DAL FASCINO IRRESISTIBILE PER UNA RAGAZZA DI PROVINCIA!
A VOLTE DOVEVAMO CERCARE ALTROVE QUEL LAVORO CHE DA NOI SCARSEGGIAVA. SAN FRANCISCO ERA PERÒ COSÌ DIVERSA E PIENA DI VITA, CHE NE FUI SUBITO RAPITA.
GRAZIE A MERCEDES, TROVAI BEN PRESTO UN POSTO COME CUCITRICE IN UNA FABBRICA DI CAMICIE E, UN PAIO DI ANNI DOPO, VENNI ASSUNTA COME SARTA IN UN ESCLUSIVO EMPORIO DEL CENTRO.
MAGNIN'S

ITALIAN FOOD GROCERIES
MOLINARI
PRODOTTI ITALIANI
PRODOTT
GRAZIE MILLE PER IL VOSTRO CONTRIBUTO, SIGNOR MOLINARI. IL COMITATO ITALIANO DI AIUTO E I BAMBINI CHE ASSISTIAMO SARANNO CONTENTI.
DEVONO RINGRAZIARE IL TUO BUON CUORE E IL TUO BEL SORRISO, TINA.

HO SAPUTO CHE RECITI ANCHE NEL NOSTRO TEATRO.
SÌ, MI HANNO PRESA PER UNA PICCOLA PARTE NEL PROSSIMO SPETTACOLO IN CARTELLONE.
LA MIA BAMBINA HA GRANDI DOTI ARTISTICHE!
NON POTEVA ESSERE ALTRIMENTI CON UN PADRE CHE IN TUTTA NORTH BEACH È CONOSCIUTO PER LE SUE MANI D'ORO E L'UGOLA DA USIGNOLO!
AMO SOLO LA MUSICA LIRICA E A VOLTE CON AMICI COME TE PROVO A INTO-NARE QUALCHE ARIA FAMOSA. COMUNQUE, GRAZIE!
BUONA SERATA, DANTE.
BUONASERA E ANCORA GRAZIE.
ALTRETTANTO A VOI E... IN BOCCA AL LUPO, TINA.
VIVA IL LUPO!

MA... NON DOVEVA RAGGIUNGERCI MERCEDES?
AVEVA UN APPUNTAMENTO.
GIÀ... TUA SORELLA È SEMPRE INNAMORATA DI QUALCUNO.
VUOLE SOLO FARSI UNA FAMIGLIA SUA.
RAGIONA PIÙ CON L'UTERO CHE CON IL CERVELLO!
LA GIUDICATE CON TROPPA SEVERITÀ, PAPÀ. MERCEDES È UNA BRAVA RAGAZZA E UN'ABILE SARTA.
SE NON FOSSE STATO PER I SUOI CONSIGLI E I TRUCCHI DI CUCITO CHE MI HA INSEGNATO, NON MI AVREBBERO MAI ASSUNTA DA MAGNIN PER SERVIRE LE CLIENTI ELEGANTI CHE FREQUENTANO IL LORO NEGOZIO.
LO SO, LO SO...
...DESIDERO SOLO CHE TROVI L'UOMO GIUSTO PER LEI.

PAPÀ, SAN FRANCISCO NON È MICA UDINE. CI SONO TANTI RAGAZZI INTERESSANTI E SCEGLIERE NON È FACILE!
SPERIAMO CHE ALLA FINE DECIDA BENE.
È CHE PER I MIEI FIGLI VORREI IL MEGLIO, PROPRIO COME SOGNO DI AVERLI UN GIORNO NUOVAMENTE CON ME INSIEME ALLA MAMMA.
ABBIAMO SEMPRE FATICATO TANTO E ANCHE QUI IN AMERICA NON È FACILE, NONOSTANTE LE MILLE OPPORTUNITÀ CHE CI SONO PER CHI HA CAPACITÀ E VOLONTÀ. IN QUESTO MODO, PIANO PIANO MI SFORZO DI METTERE DA PARTE I SOLDI PER TUTTI...
LO SPERO TANTO, SOPRATTUTTO PER MAMMA. IO STO FINALMENTE BENE, MA PENSO SEMPRE A LORO CHE SONO ANCORA A TRIBOLARE A CASA E ADESSO ANCHE IN MEZZO A UNA GUERRA TERRIBILE.
CI SONO RIUSCITO PER VOI DUE, CE LA FARÒ ANCHE PER LORO. STANNE CERTA.

THE LEADING ITALIAN RESTAURANT
...NEL 1906 QUESTA CITTÀ È STATA DEVASTATA DA UN VIOLENTO TERREMOTO CON TERRIBILI INCENDI CHE HANNO CAUSATO MIGLIAIA DI VITTIME.
E ADESSO, PER FESTEGGIARE L'APERTURA DEL CANALE DI PANAMA, LE AUTORITÀ VOGLIONO COSTRUIRE UN IMMENSO PADIGLIONE CON UNA INFINITÀ DI EVENTI DA OGNI PARTE DEL MONDO.
L'OCCASIONE IDEALE PER MOSTRARE LA RINASCITA DI SAN FRANCISCO.
PROPRIO COSÌ!
POICHÉ NON SARÀ LONTANA DA CASA NOSTRA, MI AUGURO CHE QUESTA MERAVIGLIA PORTI TANTO LAVORO ANCHE NELLA MIA BOTTEGA!

*PITTORE E SCRITTORE BOHEMIÈN SOPRANNOMINATO "ROBO".

ROBO...
L'AMORE.
SENZA DUBBIO UN UOMO DIVERSO DAGLI ALTRI.
ERA UN INTELLETTUALE, UN SOGNATORE, UN ARTISTA. UNA PERSONA SENSIBILE E RAFFINATA CHE VIVEVA LIBERA DI ESSERE QUELLO CHE DESIDERAVA, IN TOTALE LEGGEREZZA E VELATO PESSIMISMO.
CONDIVIDEVAMO LA BELLEZZA DELL'ARTE IN OGNI SUA FORMA, MA SOPRATTUTTO MI SENTIVO AMATA E APPREZZATA PER QUELLA CHE ERO...
...SENZA TIMORI O GELOSIE.
Tina Modotti, la graziosa signorina che abbiamo tanto ammirato e applaudito nel piccolo teatro amatoriale della nostra città, non avrebbe potuto debuttare con una commedia più adatta alle sue doti canore ed emozionali, suscitando ammirazione per il suo innato talento artistico e dimostrando di avere le carte in regola per una carrie
brillante e invidiabile.
Gli anni passeranno e
cambieranno, ma l'esibizione
sera lascerà sempre in lei tutta
freschezza di un'anima innamo
della sua arte.
NON MI SEPARO MAI DA QUESTO COMMENTO DEL GIORNALE «L'ITALIA» SULLA TUA INTERPRETAZIONE DI LISETTA.

COME MAI?
OGNI TANTO LO RILEGGO PER LA TENEREZZA CHE MI SUSCITA.
È UNA COSA CHE RIGUARDA IL PASSATO...
...MENTRE A ME INTERESSA IL PRESENTE INSIEME A TE.
ALFREDO ARATOLI HA SAPUTO GUARDARE LONTANO QUANDO TI HA PRESO A RECITARE NEL SUO TEATRO. COSÌ COME HA VOLUTO DEDICARE A TE L'ULTIMA RAPPRESENTAZIONE DELLA COMPAGNIA, AFFIDANDOTI QUELLA PARTE, NON PROPRIO SEMPLICE, IN *OUT OF THE SHADOW, INTO THE SUN*.
PROBABILMENTE ALFREDO HA VISTO LE FOTO CHE ARNOLD SCHRÖDER AVEVA SCATTATO PER IL MIO BOOK, SUSCITANDO IL SUO INTERESSE...
...E GRAZIE AD ARNOLD HO AVUTO QUELLA PARTE E HO POTUTO CONOSCERTI!
SICURAMENTE OGGI NON SAREMMO INSIEME SENZA LA FORTUITA SIMPATIA CON LA MIA CAPRICCIOSA SORELLINA MARIONNE, ASSIDUA NEL FREQUENTARE LO STUDIO FOTOGRAFICO DI QUEL CARO AMICO DI FAMIGLIA.

SSSSSHH, NON FARTI SENTIRE... VUOI MANDARE ALL'ARIA QUANTO ABBIAMO DETTO A FAMILIARI E CURIOSI SU NOI DUE?
NON CI PENSO NEMMENO, CON TUTTA LA FATICA CHE CI È COSTATO ESCOGITARE LA VERSIONE ACCATTIVANTE DEL NOSTRO INCONTRO NEI PADIGLIONI DELLA PANAMA-PACIFIC E LA STORIA DEL MATRIMONIO!
LA REALTÀ NON È SEMPRE BELLA. INVECE IO VOGLIO APPARTENERE SOLO ALLA BELLEZZA!
ANDIAMO A CASA, SIGNORA DE RICHEY. ANCHE QUESTA SERA I NOSTRI AMICI VENGONO A CELEBRARE LA NUOVA DIVA DEL CINEMA!
HOLLYWOODLAND

* RICARDO GOMEZ ROBELO, AVVOCATO, GIORNALISTA, ARCHEOLOGO E CRITICO D'ARTE MESSICANO.

* JOHN COWPER POWYS, SCRITTORE SOCIALISTA INGLESE.
** RAMIEL MCGEHEE, EX BALLERINO E GRAFICO, APPASSIONATO DI MISTICISMO ORIENTALE.
*** SOPRANNOME DI ROSE, MADRE DI ROBO.

* ANITA STEWART, ATTRICE RICCA E FAMOSA DEL CINEMA MUTO, DIVENTATA ANCHE PRODUTTRICE.

** MYRTLE STEDMAN, ATTRICE E COMPAGNA DI WALLACE F. SEELY.

*WALLACE F. SEELY, PITTORE E FOTOGRAFO CANADESE.

TINELLA MIA, TU SEI UNICA PER BELLEZZA E INTELLIGENZA. PER QUESTO DEVI REALIZZARE CIÒ CHE RITIENI IMPORTANTE PER LA TUA VITA.
IL GENE DELLA FOTOGRAFIA È INNATO NELLA TUA FAMIGLIA. COME IN TUO PADRE E IN TUO ZIO, DENTRO DI TE ALBERGA LO STESSO ISTINTO.
CREDI DAVVERO CHE POTREI IMPARARE?
OGNUNO DI NOI HA DOTI CELATE CHE HA IL DIRITTO DI TROVARE E DI ESPRIMERE. ANZI, IL DOVERE!
TU E IO AMIAMO LE STESSE COSE E STIAMO INSIEME PERCHÉ LO DESIDERIAMO, MA LIBERI DI VIVERE OGNI ATTIMO E OGNI EMOZIONE.
LA VITA VUOLE ESSERE VISSUTA PER LA BELLEZZA DELL'ESISTERE E, SE DOVESSIMO ACCORGERCI CHE QUESTO SCOPO È VENUTO A MANCARE, FORSE, IN QUALCHE ANGOLO NASCOSTO DELL'INCONSCIO, È ANCHE POSSIBILE DECIDERE DI ANDARSENE...
NON DIRE COSÌ, DOLCE CUORE...
A PARLARNE ORA, IL SENSO DI QUELLE PAROLE DIVENTA EVIDENTE...

* IL NOME DI BATTESIMO ERA VALENTINA.

* PABLO MARTÍN MELITÓN DE SARASATE Y NEVASCUÉS, VIOLINISTA SPAGNOLO.

...MA NON ERA COSÌ SEMPLICE.
QUELLO CHE NON POTEVO SAPERE, AL DI LÀ DELLA PASSIONE FISICA, ERA IL LEGAME CHE IL TEMPO AVREBBE CREATO TRA NOI...
...GRAZIE ALLE PAROLE CHE CI SAREMO SCRITTI.
Ancora una volta leggo la tua lettera e ancora i miei occhi sono pieni di lacrime.
i tuoi occhi e la tua bocca.
le mie labbra bruciano e tutto il mio
rpo trema per l'intensità del mio
iderio. Quanto devo aspettare per
rivederti?

ROBETU, SE TI PERDI SEMPRE NEI TUOI PENSIERI, COME PUOI RIUSCIRE A CONCENTRARTI?
SONO SEMPRE COMBATTUTO TRA PITTURA E SCRITTURA. HO MILLE IDEE CHE MI RIBOLLONO DENTRO. TRAME COMPLESSE SI SVILUPPANO NEL MIO CERVELLO IN TANTI RIVOLI CHE POI FACCIO FATICA A RIORDINARE SULLA CARTA CON LE PAROLE...
...COME SE QUALCOSA BLOCCASSE IL FLUIRE DEL RACCONTO.

IN VERITÀ VORREI FARE QUALCOSA PER TE, CON TE. MAGARI UN VIAGGIO...
SIAMO STATI POCO TEMPO FA A SAN FRANCISCO DAI MIEI...
NON È A QUELLO CHE PENSAVO. SE TI FA PIACERE, POSSIAMO FAR LORO DI NUOVO VISITA...
...MA TU E IO SOLTANTO, SENZA VOCIO E MARIONNE. HO NOSTALGIA DELL'ARMONIA E DELL'IMPREVISTO CHE ESISTEVA QUANDO VIVEVAMO DA SOLI.
MA... EDWARD HA ALTRE POSE IN PROGRAMMA...
...E ANITA MI HA DATO UNA PARTE NEL NUOVO FILM.
OK, TINELLA. MA SO CHE IL CINEMA NON TI DÀ LE SODDISFAZIONI CHE MERITI E IO SENTO IL BISOGNO DI NUOVA ENERGIA CREATIVA, DI MAGGIORI STIMOLI.
ROBELO HA SCRITTO ANCORA INSISTENDO CHE CI ASPETTA IN MESSICO, DOVE FINALMENTE CI SONO FERVENTI INIZIATIVE ARTISTICHE E CULTURALI, DOPO DIECI ANNI DI RIVOLUZIONE.

* ÁLVARO OBREGÓN SALIDO, POLITICO E GENERALE MESSICANO, PRESIDENTE DAL 1º DICEMBRE 1920 AL 1º DICEMBRE 1924.
** JOSÉ VASCONCELOS CALDERÓN, SCRITTORE, FILOSOFO E POLITICO MESSICANO.

PER EVIDENTI MOTIVI.
NON MI FACEVO TROPPE ILLUSIONI SUL RAPPORTO CON EDWARD, CHE SAPEVO AVERE MOGLIE E QUATTRO FIGLI. CI VEDEVAMO RARAMENTE, MA CONTINUAVAMO A SCRIVERCI, TANTO CHE AVEVO PRESO UNA CASELLA ALL'UFFICIO POSTALE.
IN REALTÀ C'ERA ANCHE UN ALTRO PROBLEMA.
QUALE?
VOCIO ERA CONVINTA CHE IO E SUO FIGLIO FOSSIMO SPOSATI. I NUOVI DOCUMENTI PER IL MESSICO AVREBBERO SVELATO INVECE LA BUGIA CHE AVEVAMO INVENTATO PER EVITARE TROPPE DOMANDE E VIVERE TRANQUILLI INSIEME.
TERMINATA UN'ESPOSIZIONE DI FOTO DI EDWARD, DELLA MATHER E DI MOLTI BATIK INDOSSATI DA ME E DALL'ECCENTRICA ANITA, NEI PRIMI GIORNI DEL DICEMBRE 1921 ROBO PARTI' PER CITTÀ DEL MESSICO DA SOLO.
AVEVAMO DECISO CHE SAREBBE ANDATO PRIMA LUI NEL TENTATIVO DI OTTENERE UN VISTO PER ME DIRETTAMENTE DALL'AMBASCIATA. MENTRE VOCIO E MARIONNE RINUNCIARONO AL VIAGGIO PER ACQUISTARE UNA CASA, VISTE LE CONDIZIONI DEL NOSTRO TETTO CHE FACEVA ACQUA A OGNI PIOVASCO.
DOPO QUEL FILM MELODRAMMATICO NEL RUOLO INSIGNIFICANTE DI AMANTE MESSICANA, ACCETTAI UNA PARTE SIMILE NELLA COMMEDIA ROMANTICA DEL FILM *I CAN EXPLAIN*.
SEMPRE PER RIMANDARE LA PARTENZA.

ERA COME SE IL MIO CUORE FOSSE DIVISO IN DUE. DA UNA PARTE L'AMORE TENERO E DELICATO DI ROBO, DALL'ALTRA LA PASSIONE SFRENATA E COINVOLGENTE DI EDWARD.
IN QUESTI CASI DI SOLITO PREVALE IL GROVIGLIO DELLE VISCERE E LA POTENZA DELLE EMOZIONI.
ERA COSÌ. CON EDWARD SCOPRIVO SENSAZIONI MAI PROVATE E UNA SESSUALITÀ CHE NON CONOSCEVO.
IN OGNI LETTERA ROBO MI DICEVA CHE, GRAZIE ALL'OSPITALITÀ DI ROBELO, STAVA APPROFONDENDO LE BELLEZZE DEL MESSICO E CHE PREPARAVA CON CURA LA STANZA DOVE AVREMMO VISSUTO I PRIMI TEMPI...
MA SI SENTIVA SOLO.
IMMENSAMENTE. E LO SAPEVO. L'AVEVA CONFESSATO ANCHE A SUA MADRE. SI RINCUORAVA SOLO QUANDO RICEVEVA LE MIE LETTERE.
ERA TALMENTE ENTUSIASTA DELL'AMBIENTE MESSICANO, CHE SCRISSE UNA LETTERA A EDWARD PER INVITARE ANCHE LUI A RIVITALIZZARE LA PROPRIA ARTE IN QUEL PARADISO PER ARTISTI.
CONVINCENDOLO.
EDWARD SI ERA STANCATO DELL'AMBIENTE BORGHESE DI GLENDALE E DESIDERAVA AMBIENTI NUOVI PER LE SUE FOTOGRAFIE. ERA PERCIÒ MOLTO ECCITATO DALLE PAROLE DI ROBO.

A GENNAIO RICEVETTI DA ROBO IL PASSAPORTO RILASCIATO DALL'AMBASCIATA, CON LA PREGHIERA DI PARTIRE AL PIÙ PRESTO.
PREOCCUPATA PER IL MIO VIAGGIO DA SOLA E A CONOSCENZA DELL'INVITO DEL FIGLIO, VOCIO CHIESE A EDWARD DI ACCOMPAGNARMI IN MESSICO.
BE', NESSUNO ERA AL CORRENTE DELLA VOSTRA RELAZIONE.
INDUGIAI ANCORA, TRASMETTENDO UN'OMBRA DI MAGGIORE ANSIA IN ROBO CHE ANELAVA LA MIA PRESENZA...
VIDI UN'ULTIMA VOLTA EDWARD, TREPIDANTE PER L'AMORE CHE CI SAREMMO DATI, MA VOLEVO PARTIRE DA SOLA.
A INIZIO FEBBRAIO PRESI IL TRENO PER EL PASO, DA DOVE AVREI PROSEGUITO PER CITTÀ DEL MESSICO...
...SENZA SAPERE QUELLO CHE MI ASPETTAVA.

MENTRE...

EHM...

ERO IN VIAGGIO MI VENNERO CONSEGNATI UN PAIO DI TELEGRAMMI...

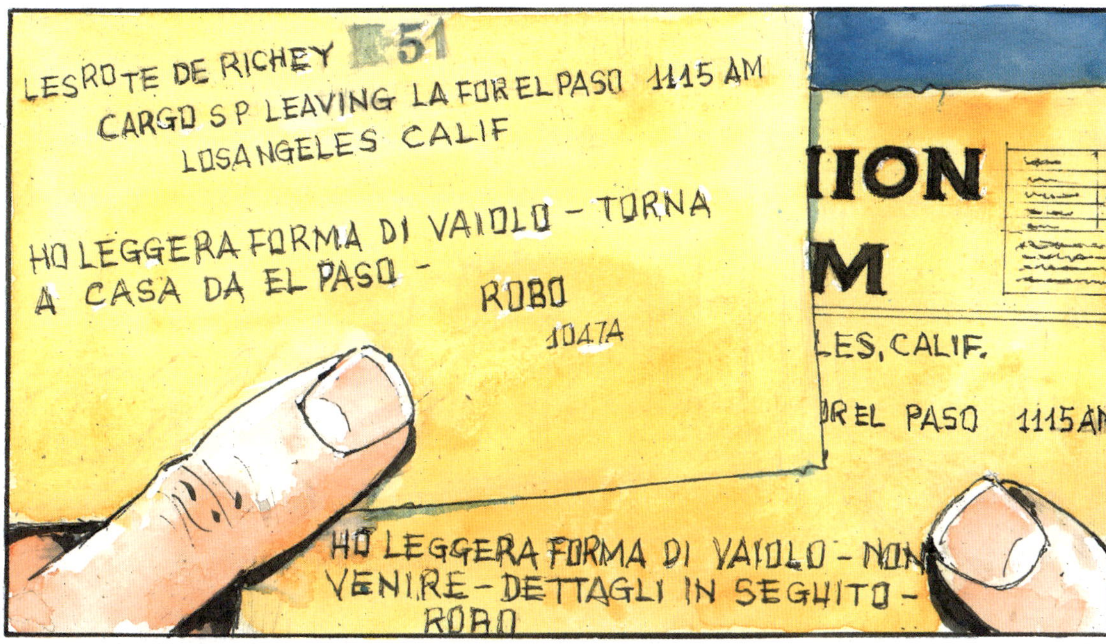

TELEGRAFAI SUBITO A VOCIO E MARIONNE PER INFORMARLE DELLA MALATTIA DI ROBO... AGGIUNGENDO CHE LO AVREI RAGGIUNTO COME PREVISTO, NONOSTANTE LE SUE SUPPLICHE A NON ANDARE.

QUANDO ARRIVAI A CITTÀ DEL MESSICO, IN OSPEDALE ROBO SI ERA AGGRAVATO, IN POCHI GIORNI MORÌ SENZA CHE POTESSIMO VEDERCI UN'ULTIMA VOLTA... LASCIANDOMI DEVASTATA DA UN PROFONDO RIMORSO E UN TERRIBILE SENSO DI COLPA.

PERCHÉ NON SI ERA VACCINATO?
NON VOLEVA CHE IL SUO CORPO FOSSE DETURPATO DALLA CICATRICE DEL VACCINO.
PER UN AMANTE DELLA BELLEZZA COME LUI, QUELLO ERA UN PRESUPPOSTO INSOPPORTABILE.
SE FOSSE GUARITO, GLI SAREBBE TOCCATO BEN PEGGIO DI UN PICCOLO SEGNO!
...NON SO PERCHÉ, MA ROBO APPARIVA TRISTE ED EMACIATO GIÀ ALL'ARRIVO IN MESSICO.
MIO DIO...!
CHAPULTEPEC
MEXICAN PARK
MALGRADO LE INSISTENZE DI VOCIO E MARIONNE A TORNARE SUBITO CON LE COSE DI ROBO, DECISI DI RESTARE QUANTO BASTAVA AD ALLESTIRE L'IMPORTANTE MOSTRA PROGETTATA DAI DUE AMICI CON L'ACCADEMIA NAZIONALE DI BELLE ARTI.
NEL TEMPO LIBERO ROBELO MI ACCOMPAGNAVA NELLE ZONE CARE A ROBO. QUELLE BREVI GITE LENIVANO IN PARTE IL DOLORE DELLA PERDITA, GRAZIE ALLA LUCE E AI COLORI CHE ESALTAVANO LA BELLEZZA DEI LUOGHI, FACENDOMI INTUIRE LA FORZA NATURALE DEL MESSICO.
MENTRE L'ESPOSIZIONE COMPOSTA DAI NOSTRI BATIK, LE FOTO DI WESTON, MATHER, SEELY, SCHRÖDER, REECE, HORWITZ E ALCUNI DISEGNI DI MAHLON BLAINE SI STAVA CONCLUDENDO CON UN INCREDIBILE SUCCESSO DI STAMPA E DI VENDITA...
...IN UN TELEGRAMMA, MERCEDES MI COMUNICÒ CHE PAPÀ ERA MORTO PER UN CANCRO ALLO STOMACO.

UN PERIODO VERAMENTE NERO!
QUELLO CHE NON MI UCCIDE, MI DÀ FORZA.
NIETZSCHE.
LE SERATE PASSATE CON GLI AMICI E CON IL MIO ROBO ANCORA VITALE E CREATIVO, DOVE SI PARLAVA DI BUDDHISMO E DI REINCARNAZIONE SORSEGGIANDO SAKÈ IN UN SOTTOFONDO DI MUSICA ORIENTALE E JAZZ, MI AVEVANO FATTO CONOSCERE FREUD, TAGORE, DE LEON, WILDE. MA NIETZSCHE CI AMMALIAVA.
CON LA MENTE OFFUSCATA DAL DOLORE, RACCOLSI IN UN BAULE DA SPEDIRE A VOCIO LE COSE DEL FIGLIO E IL MATERIALE DELLA MOSTRA RIMASTO INVENDUTO. POI DEDICAI L'ULTIMO GIORNO IN MESSICO A DECORARE CON PIANTE E FIORI LA TOMBA SEMPLICE DI ROBO, INSIEME A ROBELO E ALLA MOGLIE .
DOPODICHÉ MI MISI IN VIAGGIO VERSO SAN FRANCISCO E LA MIA FAMIGLIA.
TOTALMENTE STRAZIATA DA QUEI LUTTI, ARRIVAI PROVATA E FEBBRICITANTE PER L'INFLUENZA.

E LORO COME STAVANO?
NONOSTANTE LE SPIACEVOLI SORPRESE DEL DESTINO, LI TROVAI ABBASTANZA BENE. PER ME ERA NECESSARIO SOPRATTUTTO ABBRACCIARE LA MIA ADORATA MAMMA E CONSOLARLA DELLA SCOMPARSA DI PAPÀ.
IL TEMPO CHE TRASCORSI CON LORO FINO A PASQUA DIEDE MODO DI RIEVOCARE CON NOSTALGIA ALCUNI ARGOMENTI CHE AVEVAMO AFFRONTATO L'ULTIMA VOLTA INSIEME A LUI.
MIO PADRE SI ARRABBIAVA SEMPRE MOLTO PER L'ATTEGGIAMENTO REPRESSIVO DEL GOVERNO AMERICANO VERSO I LAVORATORI ITALIANI SOCIALISTI O ANARCHICI, INDIGNANDOSI PER LA RESPONSABILITÀ DI OGNI POSSIBILE CRIMINE CHE VENIVA LORO INGIUSTAMENTE ADDOSSATO.
PROPRIO COME SUCCEDEVA DA BAMBINA, QUANDO DISCUTEVA CON I SUOI FRATELLI DI POLITICA E DI LOTTE OPERAIE PER UN SALARIO MIGLIORE O MI PORTAVA SULLE SPALLE NEL CORTEO DEI LAVORATORI ALLA FESTA DEL PRIMO MAGGIO.
ESSENDO STATA UNA PICCOLA OPERAIA TESSILE, CONDIVIDEVO PIENAMENTE IL PENSIERO DI MIO PADRE.
E NELLE CHIACCHIERATE DI QUEI GIORNI, BENVENUTO MI SORPRESE PER LE INNOVATIVE IDEE SOCIALI E LA MILITANZA POLITICA DI GIOVANE TIPOGRAFO ITALIANO, GIÀ PERFETTAMENTE INTEGRATO NELLA LINGUA E NEL SUO LAVORO DI OPERAIO...
...PAPÀ AVEVA CONTAGIATO ANCHE LUI!

IL PASSARE DEGLI ANNI E GLI ULTIMI AVVENIMENTI AVEVANO EVIDENZIATO L'INCERTEZZA PER IL FUTURO E L'ANSIA DI TROVARE IN ME QUELLE RISORSE DI CUI PARLAVA ROBO.
PIÙ CHE NATURALE.
IL SUO RICORDO MI ACCOMPAGNAVA OGNI GIORNO, IN PARTICOLARE IL DESIDERIO DEL FIGLIO CHE VOLEVAMO CRESCERE E LA CONSAPEVOLEZZA DEL MIO DEBITO MORALE NEI SUOI CONFRONTI.
TORNATA NELLA NOSTRA PICCOLA CASA-STUDIO DI LOS ANGELES, EBBI MODO DI RIFLETTERE PIÙ A FONDO SULLA MOSTRA DI CITTÀ DEL MESSICO E A QUANTO I VISITATORI AVESSERO APPREZZATO BATIK E FOTO.
LA DIAGNOSI DEL DOTTORE NON LASCIA MOLTE SPERANZE, PICCOLA MIA.
AVREI VOLUTO ESSERE COME VOI PER AVERE TANTI FIGLI QUANTE SONO LE STELLE IN CIELO. INVECE NON NE AVRÒ NESSUNO.
PROVO UN IMMENSO DOLORE PER AVERTI DATO QUESTO PROBLEMA.
MAMMA, NON È COLPA VOSTRA SE IL MIO UTERO È RIMASTO QUELLO DI UNA BAMBINA.

TINA, TU SEI UNA DONNA FORTE E COLMA D'AMORE. SONO CERTA CHE SAPRAI DONARLO A COLORO CHE GIUDICHERAI DEGNI O BISOGNOSI DI RICEVERLO.
SO SOLO CHE CERCHERÒ DI SEGUIRE CON DIGNITÀ L'ESEMPIO CHE CON PAPÀ CI AVETE MOSTRATO OGNI GIORNO.
ORA SENTO IL BISOGNO DI FARE QUALCOSA PER ROBO ANCHE QUI, A CASA SUA.
GUARDATE CHE MERAVIGLIA!
È BEL-LISSIMO!
SOLO VOI POTETE APPREZZARE A FONDO LE QUALITÀ DI QUEST'OPERA... VOI CHE CUCITE CON MAESTRIA E GUSTO ESTETICO SIN DA BAMBINA E L'AVETE INSEGNATO CON PAZIENZA ANCHE A NOI FIGLIE!
IL MIO COMPITO È MOSTRARE ALLA GENTE CIÒ CHE ROBO HA SAPUTO CREARE NELLA SUA BREVE VITA...
...MAGARI ANCHE IN UN LIBRO!

A Rose Richey,
La Madre del mio amato Robo - In sua memoria -
Tina M. Richey 1923
ECCO FATTO.
The BOOK OF ROBO
SONO IMMENSAMENTE GRATA A VOCIO PER L'AFFETTO CHE MI HA SEMPRE DIMOSTRATO. SPERO DI ESSERE RIUSCITA A FARGLIELO CAPIRE... ANCHE NELLE POCHE PAROLE DI QUESTA DEDICA.
NON AVERE ALCUN DUBBIO.
CHE TE NE PARE DEL LIBRO, EDWARD?
LA RAFFINATA CARTA GIAPPONESE E LA SCRITTURA A MANO LO RENDONO UN OGGETTO PREZIOSO. PENSO CHE RAPPRESENTI AL MEGLIO IL CARATTERE DELICATO DEL CARO ROBO E LA SUA SPASMODICA RICERCA DELLA BELLEZZA.
DESIDERAVO UN'ANTOLOGIA DEI SUOI SCRITTI MIGLIORI CHE GLI SOMIGLIASSE... CHE EMANASSE LO SPIRITO DELL'ANIMO NOBILE E GENEROSO CHE SAPEVA ESPRIMERE GIÀ DALL'INTRODUZIONE, AFFIDATA ALLA SENSIBILE CAPACITÀ LETTERARIA DI JOHN POWYS.
LE PAROLE ALATE DELLA TUA PREFAZIONE RENDONO EVIDENTE L'AMORE CHE PROVAVI PER LUI.
CI TENEVO MOLTISSIMO A FARE QUESTA COSA.
PER QUESTO MOTIVO, HO VOLUTO RINGRAZIARE TUTTI QUELLI CHE HANNO CONTRIBUITO ALLE SPESE DEL LIBRO, OFFRENDO LORO UNA TIRATURA LIMITATA DI DUECENTO COPIE. MENTRE LE PRIME DIECI LE HO RISERVATE ALLA SUA FAMIGLIA.
HO VISTO LA FORTE COMMOZIONE DI VOCIO E MARIONNE ALLA MOSTRA CON I BATIK E I DIPINTI A OLIO DI ROBO, CHE HAI ALLESTITO DI RECENTE AL MCDOWELL CLUB. IL LORO APPREZZAMENTO E QUELLO DEI VISITATORI TI HA DATO RAGIONE.
I GIORNALISTI HANNO RICAMATO UN PO' TROPPO SULLA NOSTRA STORIA, MA L'IMPORTANTE ERA CHE LA GENTE SAPESSE DELLA SUA BREVE VITA E QUANTO AVREBBE POTUTO OFFRIRE AL MONDO CON IL SUO ESTRO.

ORA COSA PENSI DI FARE?
VOCIO MI HA CHIESTO DI RESTARE, MA NON POSSO PIÙ RIMANERE QUI. DEVO METTERE ORDINE NELLA MIA VITA CAOTICA E FARE QUELLO CHE FORSE MI APPARTIENE DA SEMPRE...
INTENDI LA FOTOGRAFIA?
SÌ. LE IMMAGINI CHE RIESCE A FERMARE CON UN *CLIC*, MI EMOZIONANO DA QUANDO ERO PICCOLA.
GIÀ, NE ABBIAMO PARLATO SPESSO. LA FOTOGRAFIA RICHIEDE PERÒ UNA PUREZZA DI PENSIERO, PER RISOLVERE IL PROBLEMA DELLA VITA PERDENDOSI NEL PROBLEMA DELL'ARTE.
CREDO CHE QUELLO SIA IL LAVORO ADATTO A ME. DEVO RIFLETTERE ANCORA E CAPIRE DOVE VIVERE.
ADESSO VADO IN OHIO A SALUTARE DEI PARENTI, MA POI VOGLIO ANDARE IN MESSICO, COME CONSIGLIAVA ROBO. POTRESTI VENIRE CON ME IN VESTE DI AIUTANTE.
CI PENSERÒ. FAI BUON VIAGGIO, TI AUGURO DI OTTENERE TUTTO CIÒ CHE MERITI.

VI ERAVATE LASCIATI, QUINDI?
NEL MIO RITIRO DI RIFLESSIONE VENIVANO A TROVARMI SPESSO GLI AMICI PIÙ CARI, MYRTO CON SEELY, JOHN, RAMIEL E ANCHE EDWARD. UNA VOLTA ARRIVÒ PURE CON LA GRAFLEX E MI SCATTÒ DELLE BELLE FOTO CON MAMMA, TROVANDOLA CASUALMENTE IN VISITA...
...MA, DAL MIO RITORNO, NON ERA ACCADUTO PIÙ NULLA.
QUASI CHE LA MORTE INASPETTATA DI ROBO CI AVESSE RIPORTATI IMPROVVISAMENTE ALLA REALTÀ, CANCELLANDO OGNI DESIDERIO.
CONSIDERATA L'AMICIZIA CON ROBO, È POSSIBILE CHE QUALCHE SENSO DI COLPA ABBIA SFIO-RATO ANCHE EDWARD...
I SENSI DI COLPA HANNO RADICI LONTANE. SENZA UNA PROFONDA COMPRENSIONE RARAMENTE PORTANO QUALCOSA DI BUONO, SE NON SOFFERENZA.
FORSE SAPEVAMO SOLO, CON TRISTEZZA, DI NON POTER CAMBIARE QUANTO ACCADUTO, SOPRATTUTTO LA SCOMPARSA DI UNA PERSONA AMATA.
AVEVATE BISOGNO DI TEMPO PER CAPIRE COME PROSEGUIRE NELLA VITA...

...E, COME SOSTIENE FREUD, I LUTTI VANNO ELABORATI.
SENZA DUBBIO, QUANTO FATTO IN MEMORIA DI ROBO E LA DECISIONE DI PRATICARE LA FOTOGRAFIA MI AVEVANO IN QUALCHE MODO RASSERENATA, RENDENDO PIÙ EVIDENTE L'IMPORTANZA DI EDWARD.
ANDAI A SAN FRANCISCO PER VALUTARE SE APRIRE LÀ UNO STUDIO FOTOGRAFICO, COME AVEVA FATTO PAPÀ AL SUO ARRIVO IN AMERICA, IN MODO DA STARE ANCHE VICINO ALLA MIA FAMIGLIA. INVECE LA LONTANANZA DI QUALCHE MESE FECE COMPRENDERE A ENTRAMBI CHE FORSE STAVAMO RINUNCIANDO A QUALCOSA DI IMPORTANTE.
APPENA CI RIVEDEMMO, SI RIACCESE LA FIAMMA SOPITA, MA CON DIVERSA INTENSITÀ E CONSAPEVOLEZZA.
UN FATTO IMPORTANTE. LASCIARE UNA MOGLIE RICCA È PERÒ DIFFICILE PER CHI VIVE NELLA PRECARIETÀ DELL'ARTE...
FU PER QUESTO CHE DECIDEMMO DI AVERE UN RAPPORTO LIBERO DA VINCOLI. L'UNICO VERO E FORTE LEGAME SAREBBE STATA LA FOTOGRAFIA.
IN CHE SENSO?
DOPO L'ENNESIMA SCENATA DI GELOSIA DI FLORA, EDWARD AVEVA LASCIATO CASA TRASFERENDOSI PER SFIDA NEL SUO STUDIO. E LÌ FACEVAMO MILLE PIANI CON SPIRITO NUOVO VISTO L'ENTUSIASMO CHE I MESSICANI AVEVANO DIMOSTRATO PER LE SUE FOTOGRAFIE, PROCURANDOGLI OLTRETUTTO UN OTTIMO RISCONTRO ECONOMICO.
LA COLLABORAZIONE PROFESSIONALE E I PROGETTI PER IL MESSICO AVVENIVANO APERTAMENTE CON FAMILIARI E AMICI, IN UN NORMALE RUOLO DI ALLIEVA E MAESTRO. LA RELAZIONE INTIMA RIMASE INVECE ANCORA SEGRETA PER LA SITUAZIONE DI EDWARD E PER LE MIE REMORE NEI CONFRONTI DELLA FAMIGLIA DI ROBO.
DOPO QUALCHE LUNGAGGINE BUROCRATICA, PARTIMMO FINALMENTE PER IL MESSICO SUL PIROSCAFO *COLIMA* IN UN'AFOSA GIORNATA DEL LUGLIO 1923. CON NOI C'ERA CHANDLER, IL FIGLIO TREDICENNE DI EDWARD.

* GRANDE FATTORIA, CON TERRENI PER IL PASCOLO E PER L'AGRICOLTURA.
** GUADALUPE MARÍN, MOGLIE DI DIEGO RIVERA.

PER UN AMERICANO, NON È SEMPLICE COMPRENDERE LA MENTALITÀ DI VOI MESSICANI. IN QUESTO, TINA È UNA GUIDA PERFETTA CONOSCENDO LO SPAGNOLO E LE VOSTRE USANZE.
QUANDO VEDRAI ANCHE I LAVORI DI SIQUEIROS, OROZCO E GUERRERO AVRAI UNA VISIONE ANCORA PIÙ CHIARA DEL NOSTRO IMPEGNO SOCIALE PER UNA CULTURA RIVOLTA AL POPOLO.
IL MESSICO MI FA SENTIRE A CASA. IL MODO DI FARE DELLA GENTE, L'ARIA, IL SUONO DELLE CAMPANE MI RICORDANO L'ITALIA E UDINE DOVE SONO NATA!
E QUESTO TI AIUTA CON LA FOTOGRAFIA?
STO FACENDO PRATICA CON LA KORONA E I CONSIGLI DI EDWARD SONO PREZIOSI, SPECIALMENTE NELLE TECNICHE DI SVILUPPO DEI NEGATIVI.
HAI L'ISTINTO GIUSTO. QUESTO È ESSENZIALE PER UN FOTOGRAFO, IL RESTO SI PUÒ IMPARARE.
RUSSIAN CIRCUS

RUSSIAN CIRCUS
HOME
TEPOTZOTLÁN MONASTERY

* DR. ATL, PITTORE E VULCANOLOGO MESSICANO.
** ARTISTA, MODELLA E PITTRICE, FIGLIA DI UN GENERALE DEL DITTATORE MESSICANO PORFIRIO DIAZ.
*** MANUEL HERNANDEZ GALVÁN, UFFICIALE RIVOLUZIONARIO.

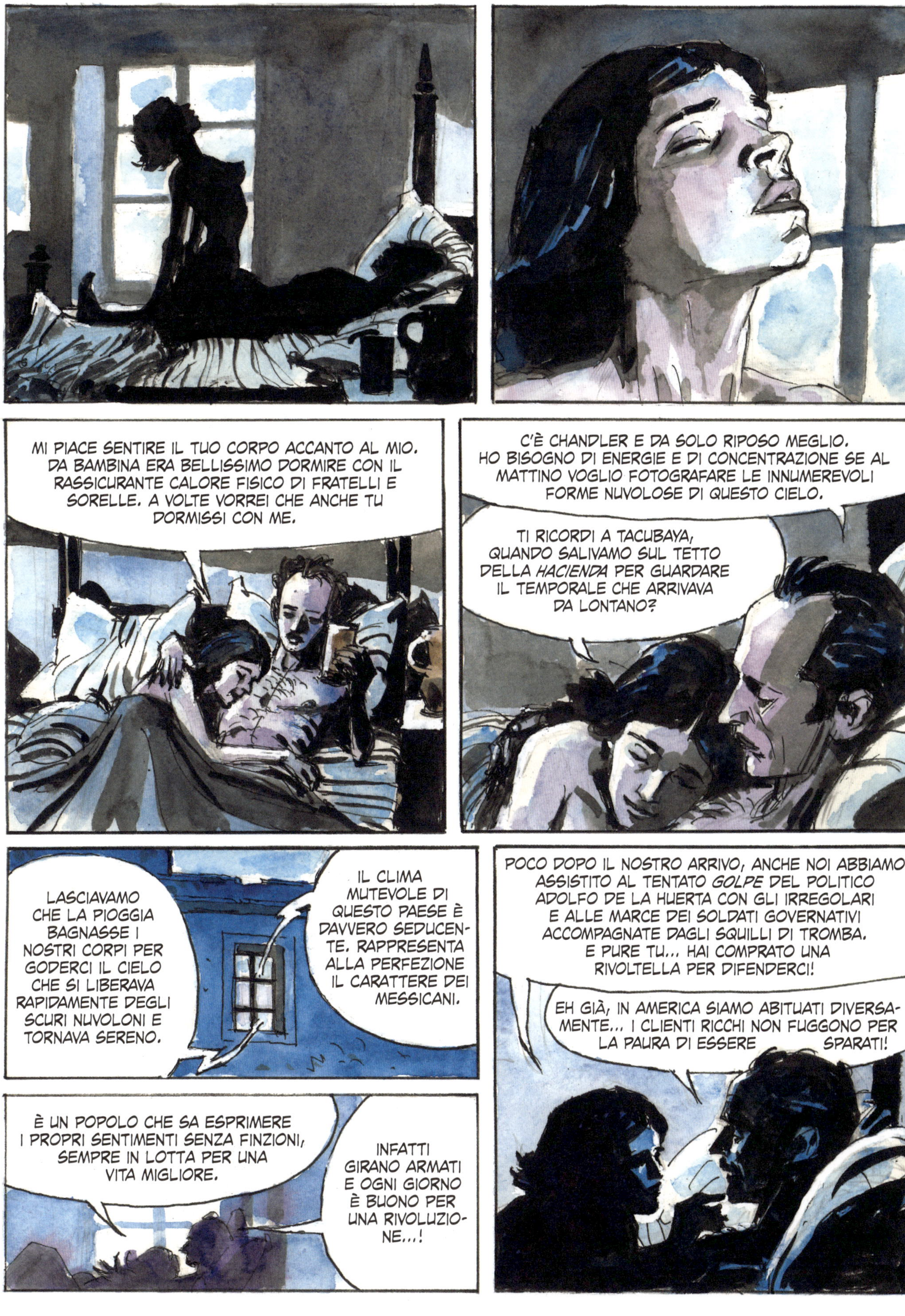
MI PIACE SENTIRE IL TUO CORPO ACCANTO AL MIO. DA BAMBINA ERA BELLISSIMO DORMIRE CON IL RASSICURANTE CALORE FISICO DI FRATELLI E SORELLE. A VOLTE VORREI CHE ANCHE TU DORMISSI CON ME.
C'È CHANDLER E DA SOLO RIPOSO MEGLIO. HO BISOGNO DI ENERGIE E DI CONCENTRAZIONE SE AL MATTINO VOGLIO FOTOGRAFARE LE INNUMEREVOLI FORME NUVOLOSE DI QUESTO CIELO.
TI RICORDI A TACUBAYA, QUANDO SALIVAMO SUL TETTO DELLA *HACIENDA* PER GUARDARE IL TEMPORALE CHE ARRIVAVA DA LONTANO?
LASCIAVAMO CHE LA PIOGGIA BAGNASSE I NOSTRI CORPI PER GODERCI IL CIELO CHE SI LIBERAVA RAPIDAMENTE DEGLI SCURI NUVOLONI E TORNAVA SERENO.
IL CLIMA MUTEVOLE DI QUESTO PAESE È DAVVERO SEDUCENTE. RAPPRESENTA ALLA PERFEZIONE IL CARATTERE DEI MESSICANI.
È UN POPOLO CHE SA ESPRIMERE I PROPRI SENTIMENTI SENZA FINZIONI, SEMPRE IN LOTTA PER UNA VITA MIGLIORE.
INFATTI GIRANO ARMATI E OGNI GIORNO È BUONO PER UNA RIVOLUZIONE...!
POCO DOPO IL NOSTRO ARRIVO, ANCHE NOI ABBIAMO ASSISTITO AL TENTATO *GOLPE* DEL POLITICO ADOLFO DE LA HUERTA CON GLI IRREGOLARI E ALLE MARCE DEI SOLDATI GOVERNATIVI ACCOMPAGNATE DAGLI SQUILLI DI TROMBA. E PURE TU... HAI COMPRATO UNA RIVOLTELLA PER DIFENDERCI!
EH GIÀ, IN AMERICA SIAMO ABITUATI DIVERSAMENTE... I CLIENTI RICCHI NON FUGGONO PER LA PAURA DI ESSERE SPARATI!

CLIC CLIC CLIC
CLIC

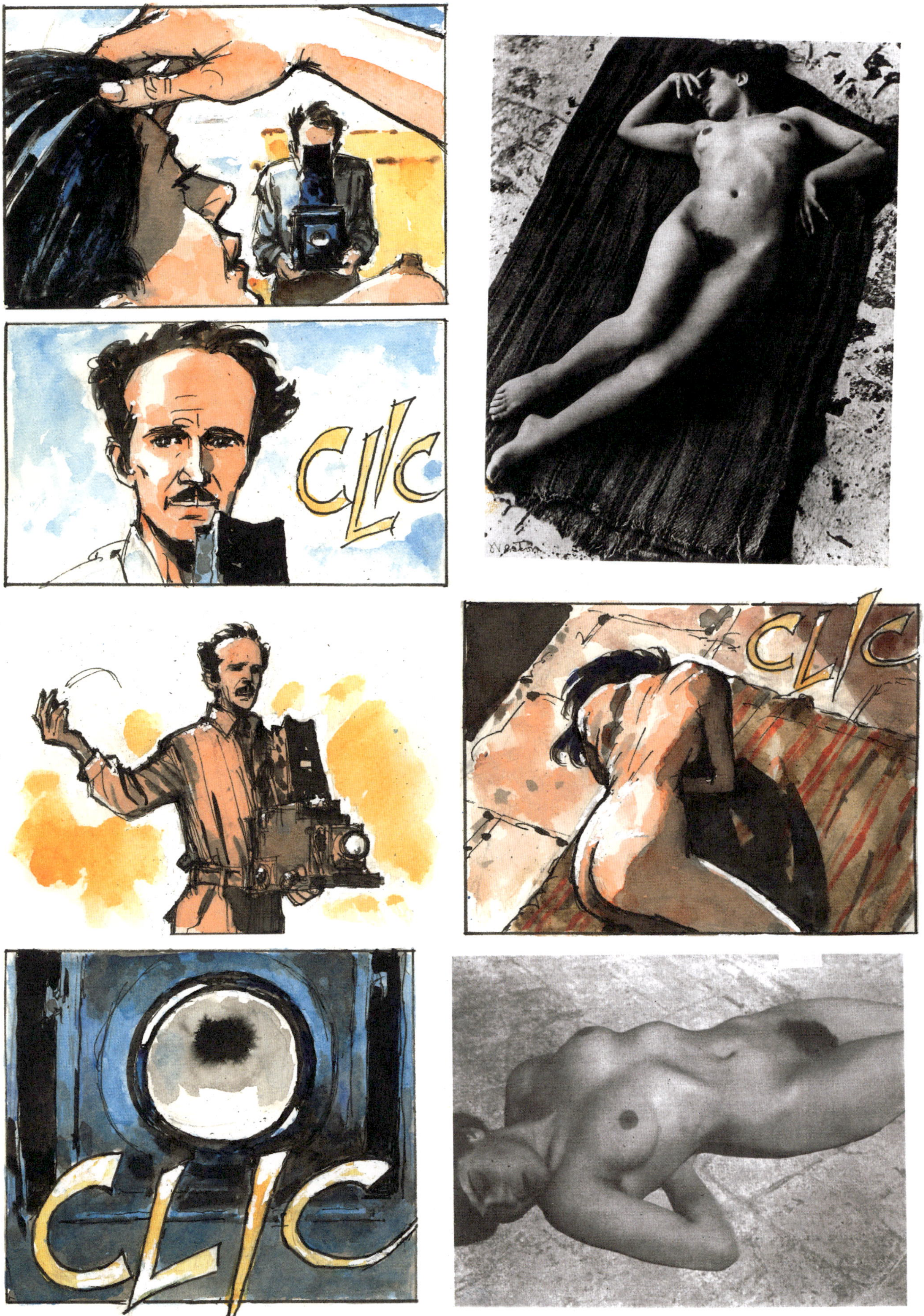
CLIC
CLIC
CLIC

ESTUDIO ARTE Y FOTOGRAFIA
NON SO COME HO FATTO A RIMANERE SERIA CON QUEI FIORI FINTI IN MANO!
E IO CON QUELL'INUTILE LIBRO?
EL CAFE' DE NADIE
CHE MANIERA BIZZARRA DI FOTOGRAFARE IL RICORDO DI UN ANNIVERSARIO...!
MA LEI... È EDWARD WESTON!
MI PERDONI. SONO MANUEL MAPLES ARCE, POETA ED ESTIMATORE DELLA SUA ARTE.
SÌ?
PIACERE. LEI È LA MIA COLLEGA TINA MODOTTI.
INCANTATO.
SAREI ONORATO SE ACCETTASTE DI BERE QUALCOSA E PARLARE PER POCHI MINUTI.

DA QUALCHE TEMPO HO DATO VITA CON ALCUNI AMICI A UN MOVIMENTO LETTERARIO CHE INTENDE RINNOVARE L'ANTIQUATA E MELENSA CULTURA MESSICANA. UNA VISIONE MODERNA CHE ESALTI IL DINAMISMO DELLE MACCHINE PER UNA MAGGIORE CIVILIZZAZIONE URBANA E INDUSTRIALE.
QUESTO LOCALE È IL NOSTRO RITROVO DOVE ABBIAMO ESPOSTO PER LA PRIMA VOLTA UNA RACCOLTA DI OPERE, TRA CUI SONO STATE INSERITE SEI FOTOGRAFIE CHE RAPPRESENTANO LA PUREZZA ESTETICA DELL'ARTE DI EDWARD WESTON.
SÌ, HO VISTO. GRAZIE DELLA STIMA.
WESTON
QUALCUNO CI ASSIMILA AL FUTURISMO ITALIANO, MENTRE NOI SIAMO *ESTRIDENTISTAS*, GLI STRIDENTI, E NON ASSECONDIAMO NESSUNA FORMA DI FASCISMO.
MI SEMBRA INTERESSANTE.
IL NOSTRO DESIDERIO È EVIDENZIARE UNICAMENTE L'ESSENZIALITÀ DI OGNI FORMA D'ARTE, SENZA ALCUN CONFINE CON LA VITA.
QUESTO È UN PENSIERO CHE CONDIVIDO.
HO IN MENTE UNA VERA MOSTRA CON OPERE DI VARIO TIPO APPOSITAMENTE REALIZZATE DA ARTISTI DI RICONOSCIUTO TALENTO...
...E LO SCOPO DI QUESTA PIACEVOLE CHIACCHIERATA VUOLE ESSERE UN INVITO UFFICIALE A PARTECIPARE CON DELLE FOTOGRAFIE CHE S'ISPIRINO A QUESTA INNOVAZIONE ARTISTICA.
BE', CI DOBBIAMO PENSARE.
VI FAREMO SAPERE PRESTO UNA NOSTRA DECISIONE. GRAZIE DAVVERO.
PER NOI SAREBBE MOLTO IMPORTANTE...

QUEL MODO DI CONCEPIRE L'ESSENZA ARTISTICA DELLA VITA MI AVEVA ATTRATTO NELLA CONSIDERAZIONE CHE FOSSE UN INCENTIVO ALL'EVOLUZIONE DEL POPOLO E AVVERSA AL FASCISMO.

IL TEMPO CON EDWARD SCORREVA SERENO, FELICI DELLA NOSTRA COMPLICITÀ INTIMA E LAVORATIVA, PUR NELLA RECIPROCA LIBERTÀ DI RELAZIONE CHE AVEVAMO SCELTO.

NON AVEVO CONSIDERATO PERÒ, CON IL PASSARE DEGLI ANNI, LA NOSTALGIA DI EDWARD PER I FIGLI RIMASTI IN AMERICA E UN INSOSPETTABILE ISTINTO DI POSSESSO NEI MIEI CONFRONTI.

COMPLIMENTI, RAGAZZI! LA VOSTRA PARTECIPAZIONE A QUESTA COLLETTIVA AL PALACIO DE MINERÍA, PATROCINATA DAL GOVERNO, RENDE I MERITATI RICONOSCIMENTI ALL'ARTE DI ENTRAMBI.
È GIUSTO. LE FOTOGRAFIE DI TINA NON HANNO NULLA DA INVIDIARE ALLE MIE.
TAXI
HO AVUTO UN BUON MAESTRO.
NO, SONO LA VERA ESPRESSIONE DELLA TUA INDOLE SENTIMENTALE.
CONCORDO.
XAVIER È SEMPRE CONCISO MA PRECISO! ED È VERO, ESPRIMONO PERFETTAMENTE IL TEMPERAMENTO ITALIANO DI TINA.
SONO LUSINGATA, DIEGO. MA ORA SENTO DI APPARTENERE PIÙ AL MESSICO E ALLE SUE EMOZIONI!
NON PUOI SALIRE SUL TAXI IN ALTRO MODO?
RIESCI A FARE QUALCOSA SENZA CHE IL TUO CORPO ATTRAGGA L'ATTENZIONE?
TI GUARDANO TUTTI, NON POSSIAMO FARE DUE PASSI CHE TI SEGUONO COME UN BRANCO...! MI PRENDI PER SCEMO?
LA PROSSIMA VOLTA MI SCELGO UN'AMANTE BRUTTA!

È POSSIBILE CHE MENTALMENTE EDWARD AVESSE GIÀ DECISO DI TORNARE CON CHANDLER IN CALIFORNIA. DI SICURO LE FREQUENTI DIFFICOLTÀ ECONOMICHE E DI AMBIENTAMENTO, UNITE A QUELLA IRREFRENABILE GELOSIA, FURONO CAUSE DETERMINANTI.
Edward - non vedevo l'ora che arrivasse la notte per potermi chiudere nel nostro studio e scriverti - Ah! - caro - il vuoto di questa casa è terribile
...IL TITOLO DEL GIORNALE, STRUMENTO E ARMA DEL CONTADINO MESSICANO, VUOLE DIMOSTRARE LA NOSTRA SOLIDARIETÀ VERSO IL POPOLO OPPRESSO. TU HAI UNA BUONA CONOSCENZA DELLE LINGUE... POTRESTI DARCI UNA MANO TRADUCENDO QUALCHE ARTICOLO DAI QUOTIDIANI ESTERI.
EL MACHETE
VA BENE, DIEGO. CERCHERÒ DI TROVARE UN PO' DI TEMPO DA DEDICARE ALL'IMPEGNO CHE DICI. POTREBBE AIUTARMI A SCARICARE LA RABBIA VERSO MUSSOLINI CHE HA INVASO L'ITALIA CON TRACOTANZA E TIRANNIA.
INTANTO TI RINGRAZIO DI AVER POSATO PER IL MURALE DI QUESTA EX CAPPELLA, UN INNO ALLA TERRA DOVE LUPE È LA TERRA LIBERATA E TU LA TERRA VERGINE. PER I GIOVANI STUDENTI DELLA SCUOLA DELL'AGRICOLTURA DI CHAPINGO SARÀ UN POTENTE EMBLEMA DI AMMIRAZIONE DELLA NATURA!
FARE LA MODELLA PER UN ARTISTA DEL TUO VALORE È UN ONORE.
E CON LA FOTOGRAFIA COME VA?
LA PARTENZA DI EDWARD MI AVEVA UN PO' DISORIENTATA. NON ERO COSÌ CERTA DI RIUSCIRE A CAVARMELA DA SOLA...
PENSO CHE INCONSCIAMENTE TI SENTISSI CONDIZIONATA DALLA SUA PRESENZA, L'OPINIONE DI UN FOTOGRAFO ESPERTO LIMITAVA LE TUE CAPACITÀ. ORA SEI LIBERA DI SPERIMENTARE COME VUOI.
PER FORTUNA STO FACENDO I RITRATTI A DEI BUONI CLIENTI E SONO SCATTI CHE MI PERMETTONO DI CONTINUARE A SVOLGERE IL MIO LAVORO CON SERENITÀ. DEVO SOLO TROVARE UNA GRAFLEX, PIÙ LEGGERA ED EFFICACE DELLA KORONA ANCHE SENZA L'INGOMBRANTE TREPPIEDE.

L'OCCASIONE CAPITÒ DURANTE UNA VISITA A MIA MADRE, GRAVEMENTE MALATA. RIMASI A SAN FRANCISCO I MESI NECESSARI PER VEDERLA RIMETTERSI IN SALUTE, POI ANDAI A CONOSCERE ALCUNI FOTOGRAFI AMERICANI AMICI DI EDWARD.
CON DOROTHEA LANGE NACQUE UNA COLLABORAZIONE PROFESSIONALE E UNA BUONA AMICIZIA. FINCHÉ, SETACCIANDO ALCUNI NEGOZI DI FOTOGRAFIA, PERMUTAI LA MIA AMATA MA PESANTE KORONA CON UNA GRAFLEX REFLEX.
IN MESSICO RITROVAI EDWARD, TORNATO PER UN PERIODO A CITTÀ DEL MESSICO CON IL FIGLIO BRETT GIÀ PRIMA DELLA MIA VISITA A MAMMA. SOPRATTUTTO COMINCIAI A FOTOGRAFARE IL POPOLO MESSICANO, UN FIUME DI CAMPESINOS* DURANTE LA MANIFESTAZIONE DEL PRIMO MAGGIO.
LA GIORNALISTA ANITA BRENNER, AMICA DI SERATE E GITE, CI INGAGGIÒ PER SCATTARE FOTO DI ALCUNE ZONE DEL MESSICO CHE AVREBBERO CORREDATO IL SUO LIBRO "IDOLS BEHIND ALTARS".
QUEL VIAGGIO DI DUE MESI FECE EMERGERE LE PROFONDE DIVERGENZE CARATTERIALI, CREATESI TRA NOI, AL LIMITE DELL'INTRANSIGENZA, E PERSINO I SOGGETTI DELLE NOSTRE FOTOGRAFIE.
SUL FINIRE DEL 1926, EDWARD RIENTRÒ DEFINITIVAMENTE IN CALIFORNIA. LA NOSTRA RELAZIONE SI ERA CONCLUSA, MA RIMANEVANO LA STIMA RECIPROCA E LO SCAMBIO EPISTOLARE.
Carissima Tina,
lasciare il Messico sarà difficile, perché significa lasciare te. Grazie pe
il tuo amore.
Edward

* CONTADINI.

* VENUSTIANO CARRANZA, MILITARE RIVOLUZIONARIO A FIANCO DI F. MADERO, POI CON A. OBREGON, P. VILLA ED E. ZAPATA.
** ORGANIZZAZIONE INTERNAZIONALE DEI PARTITI COMUNISTI, NOTA ANCHE COME INTERNAZIONALE COMUNISTA (1919-1943).
*** CONIUGI COMUNISTI ATTIVI NEGLI USA.

DI FREQUENTE SENTIVO LA MANCANZA DELLA CONFORTANTE PRESENZA DI EDWARD. DOPO LA SUA PARTENZA, ERO ANDATA AD ABITARE IN UNA CASA PIÙ PICCOLA PER CONTENERE LE SPESE, MA SEMPRE CON UNA AZOTEA*. IL PANORAMA DEL MESSICO E IL COSTANTE AFFETTO DEGLI AMICI RIMANEVANO COMUNQUE INDISPENSABILI VALVOLE RIGENERANTI DELLA MIA VITA COMPLESSA.

L'AMICIZIA E L'AMMIRAZIONE DI DIEGO PER IL MIO LAVORO ERANO DI GRANDE STIMOLO. POSAI ANCORA PER LUI SCATENANDO LE IRE DI LUPE, GELOSA DELLE CONSUETE SCAPPATELLE DEL MARITO CON LA MODELLA DI TURNO. IN REALTÀ IL VERO IMPEGNO QUOTIDIANO ERANO LE FOTOGRAFIE PER «EL MACHETE»...

...A CUI SI AGGIUNSE, QUALCHE MESE DOPO, LA RIVISTA «MEXICAN FOLKWAYS» DELLA SCRITTRICE E ANTROPOLOGA FRANCES TOOR, CARA AMICA E CONFIDENTE, CON CUI ESISTEVA UNA FORTE EMPATIA CHE CI FACEVA CONDIVIDERE INTERE GIORNATE PRENDENDOCI CURA UNA DELL'ALTRA.

* TERRAZZA.

* PSEUDONIMO DI VLADIMIR IL'IČ UL'JANOV (1870-1927).

SOCCORSO ROSSO E IL PARTITO COMUNISTA ASSORBIVANO LA RESTANTE PARTE DELLE GIORNATE E DELLE MIE ENERGIE, FACENDOMI RENDERE CONTO DI UNA PROFONDA TRASFORMAZIONE INTERIORE.
LA TINA DI UN TEMPO NON ESISTEVA PIÙ!
...PENSO CHE SE METTI LA FOTO IN QUESTO MODO, IL RISULTATO VISIVO SIA MIGLIORE. CHE NE DICI?
MMH, FORSE HAI RAGIONE. LA PREPARO E POI VEDIAMO INSIEME.
GRAZIE.
TINA?
PERDONA IL DISTURBO, LUI È IL COMPAGNO ENEA SORMENTI. UN TUO COMPATRIOTA!
NOI ITALIANI SIAMO OVUNQUE, I TRIESTINI IN PARTICOLARE...!
MA È FANTASTICO! IO SONO DI UDINE, A DUE PASSI DA TRIESTE.
LE DONNE SONO LA FORZA DELLA NOSTRA TERRA, MA QUELLE DI UDINE HANNO UNA BELLEZZA UNICA!
ANCHE ENEA OPERA NELLA LEGA ANTI-IMPERIALISTA DELLE AMERICHE E CONOSCE SACCO E VANZETTI. ADESSO C'È MOLTO DA FARE PER LORO E PENSO CHE VOI DUE LAVORERETE BENE INSIEME.
DAVVERO LI CONOSCI? MI DEVI RACCONTARE TUTTO!

QUEL GIORNO FECI LA CONOSCENZA DI UN AGENTE INVIATO IN MESSICO DAL COMINTERN, IN VESTE DI DIRIGENTE DI SOCCORSO ROSSO. UN ANTIFASCISTA ITALIANO FUGGITO IN RUSSIA E ADDESTRATO DALLA SICUREZZA DI STATO CHE OPERAVA DOVE NECESSARIO SOTTO MILLE IDENTITÀ DIVERSE. IL DESTINO AVEVA MESSO SUL MIO STESSO CAMMINO QUELLO DI VITTORIO VIDALI. MA ANCORA NON LO SAPEVO.
XAVIER, SONO MOLTO FELICE DELLE FOTO DI OGGI E DI QUESTA GITA A XALAPA.
PENSO CHE PER UN PO' NON NE FAREMO. SONO STATO CHIAMATO A MOSCA PER UN CORSO DI TRE ANNI ALLA SCUOLA INTERNAZIONALE LENIN. PARTO DOMANI.

* INSEGNANTE E GIORNALISTA FEMMINISTA, PROMOTRICE DEI DIRITTI DELLA DONNA NEL PARTITO E NELLA SOCIETÀ.

* ROSENDO GOMEZ LORENZO, DIRETTORE DI «EL MACHETE».

* NOTO ANCHE CON IL NOME DI NICANOR MCPARTLAND.

L'AMORE DI JULIO MI INVADEVA IL CORPO E LA MENTE. VIVERE CON LUI MI FACEVA SENTIRE COMPLETA NEI SENTIMENTI E NELL'IMPEGNO POLITICO, FORSE PER LA PRIMA VOLTA NELLA VITA.
ENTRAMBI PERCEPIVAMO DI ESSERE INSIEME UNA SOLA ANIMA.

SENTIVO CHE CON LUI LA VITA ASSUMEVA UN'INTENSITÀ DIVERSA E LE NOSTRE IDEE SOCIOPOLITICHE COMBACIAVANO, OFFRENDO AI MIEI OCCHI NUOVI ORIZZONTI.
MENTRE FOTOGRAFAVO I MURALES DI OROZCO SU SUO MANDATO, JULIO ERA IMPEGNATO A SOLLEVARE IL POPOLO CUBANO CONTRO IL TIRANNO. TRA I SUOI AMICI, CHE FREQUENTAVANO CASA NOSTRA, FECI AMICIZIA CON UNA GIOVANE PITTRICE CHE PRESENTAI UN SERA A DIEGO ORAMAI IN TOTALE ROTTURA CON LUPE.

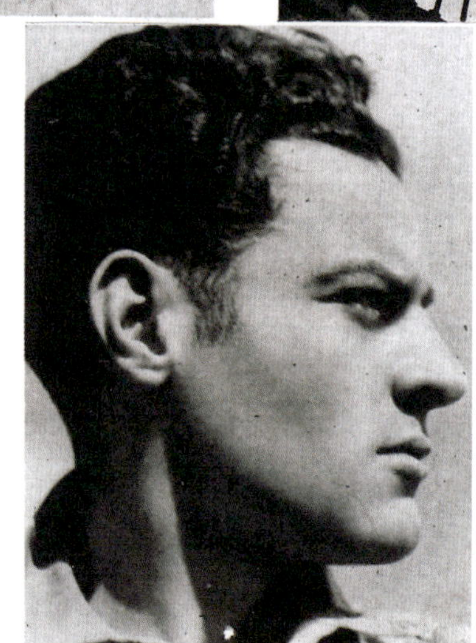

I MESI SCORREVANO VELOCI NELLA PROFONDA FELICITÀ DI ENTRAMBI, DOVE JULIO SOGNAVA DI PORTARMI PRESTO A VIVERE IN UNA CUBA LIBERA. MA IL SUO ACERRIMO NEMICO AVEVA INTENZIONI BEN DIVERSE.
PARTIDO CO
MA DEVI PROPRIO VEDERE 'STO TIPO CUBANO?
MAGRIGÑAT HA QUALCOSA DI IMPORTANTE DA DIRMI. TU VAI A SPEDIRE IL MESSAGGIO ALL'AMICO CARBÒ DE «*LA SEMANA*». È NECESSARIO CHE QUESTA MIA DICHIARAZIONE VENGA PUBBLICATA SUBITO PER EVITARE MALINTESI CON I COMPAGNI A CUBA.
VA BENE, MA TU STAI ATTENTO. MI RACCOMANDO...
NON TI PREOCCUPARE. ASPETTAMI LÌ, LA *CANTINA** DELL'APPUNTAMENTO È VICINA ALL'UFFICIO DEL TELEGRAFO.
ECCOMI, TINISSIMA!
ALLORA?
TI RACCONTO TUTTO A CASA. STASERA FA UN FREDDO CANE!
DIMMI ADESSO, JULIO. PER FAVORE...
SONO ARRIVATI IN MESSICO DUE SICARI CUBANI. MAGRIGÑAT DICE CHE CERCANO ME.

* OSTERIA.

MIO DIO, NO!
NON FARE COSÌ.
QUELL'ASINO CON GLI ARTIGLI CHE GOVERNA IL MIO PAESE, MI RITIENE PIÙ PERICOLOSO QUI CHE ALL'AVANA.
PASSIAMO DA AVENIDA MORALES, JULIO. È PIÙ LARGA, MENO BUIA.
VA BENE...
STAI TREMANDO...
...ECCO, COSÌ TI SCALDI MEGLIO.
...SONO ABITUATO ALLE MINACCE. DURANTE LA RIUNIONE DELL'ALTRA SERA, SORMENTI MI HA SBRAITATO CONTRO APPENA HO ACCENNATO DI VOLER LASCIARE L'INTERNAZIONALE COMUNISTA: «RICORDATI SEMPRE, COMPAGNO, CHE QUESTO PUÒ ACCADERE SOLO CON L'ESPULSIONE O CON LA MORTE»!
STAI TRANQUILLA. POCHI PASSI E SIAMO A CASA.
SÌ, SÌ...

...PERÒ ANCHE DIEGO, APPENA TORNATO DAL SUO VIAGGIO A CUBA, TI HA CONSIGLIATO DI NON USCIRE.
NON È MIA ABITUDINE NASCONDERMI, NON HO PAURA DI...
Calle de Abraham Gonzales
BANG BANG
BEEP
THUD
JULIO! JULIO!
JULIO...
MAGRIGÑAT SA TUTTO... IL GOVERNO CUBANO MI HA ASSASSINATO!

TINA MIA, STO MORENDO PER LA RIVOLUZIONE...
NO, JULIO NON DEVI MORIRE... SEI TROPPO GIOVANE...
NO, NO, NON VOGLIO CHE TU MUOIA...!
AIUTO! FERMATE UN'AUTO! PRESTO, PRESTO!
HO CHIAMATO LA CROCE ROSSA, SIGNORA. SARÀ QUI SUBITO.
ABBIAMO FATTO IL POSSIBILE. UN PROIETTILE, ENTRATO NELLA SCHIENA, HA DEVASTATO LA SPINA DORSALE, IL FEGATO, LO STOMACO... IL GIOVANOTTO HA UNA FIBRA FORTE, MA LA SITUAZIONE È CRITICA.

L'UOMO CON CUI DESIDERAVO PASSARE IL RESTO DELLA VITA SE N'ERA ANDATO PER SEMPRE. AVREI PREFERITO VEDERLO TRA LE BRACCIA DI UN'ALTRA DONNA, PURCHÉ CONTINUASSE A VIVERE. MA LE OFFESE PEGGIORI FURONO L'ACCUSA DELLA POLIZIA DI COMPLICITÀ NELL'OMICIDIO PER MOTIVI PASSIONALI E LA CAMPAGNA DIFFAMATORIA DI ALCUNI QUOTIDIANI PER I MIEI NUDI, FATTI DA EDWARD A GLENDALE E IN MESSICO, TROVATI DURANTE UNA PERQUISIZIONE IN CASA NOSTRA. ERO DIVENTATA LA MATA HARI COMUNISTA E UNA "MANGIATRICE DI UOMINI"!
TI SONO PROFONDAMENTE GRATA DI ESSERTI BATTUTO PER LA MIA INNOCENZA. IL TUO AIUTO È STATO DETERMINANTE.
ERA IL MINIMO CHE POTESSI FARE PER JULIO ANTONIO E PER TE. PERÒ È STATA LA CHIARA VERSIONE SUI FATTI DEL GIOVANE ELETTRICISTA ANTONIO OJEDA BASTO A FAR CADERE LE ALTRE TESTIMONIANZE PIENE DI DUBBI, CONVINCENDO GLI INQUIRENTI A SCAGIONARTI DEFINITIVAMENTE.
SÌ, MA IL FANGO CHE MI HANNO GETTATO ADDOSSO PUBBLICAMENTE NON SI LAVERÀ MAI!
VEDRAI CHE LA CAUSA CHE HAI INTENTATO CONTRO IL DIRETTORE DELL'«EXCELSIOR» RISTABILIRÀ LA VERITÀ.
DIPINGERMI COME UNA PUTTANA È STATO SEMPLICEMENTE UN ALTRO MODO PER ATTACCARE IL PARTITO E L'EMANCIPAZIONE DELLA DONNA COMUNISTA!
IL PARTITO È INDISTRUTTIBILE E, GRAZIE ALL'INTERVISTA CHE HAI RILASCIATO ALLA GIORNALISTA DE «LA PRENSA», LE COSE TORNERANNO AL LORO POSTO.
QUELLE FORSE... NON JULIO ANTONIO!

* LEV TROCKIJ, PSEUDONIMO DELL'UCRAINO LEV DAVIDOVIČ BRONŠTEJN (1879-1940).

** PSEUDONIMO DI "UOMO D'ACCIAIO" DEL GIORGIANO IOSIF VISSARIONOVIC DŽUGAŠVILI (1879-1953), ADOTTATO NEL 1912.

* VESTE TRADIZIONALE.

* DONNE DI TEHUANTEPEC E JUCHITÁN DE ZARAGOZA.

NELLA POSADA* DI NA'CHINA IL SILENZIO DELLA SERA, GRAFFIATO APPENA DAL VERSO DEI GRILLI, E LA MORBIDA AMACA COLORATA, CHE AVVOLGEVA IL MIO CORPO IN MANIERA PROTETTIVA, RIUSCIVANO A FARMI RIPOSARE SERENAMENTE DOPO LE TANTE NOTTI INSONNI TRASCORSE NEI FRASTUONI DELLA CITTÀ. COSÌ L'ATMOSFERA LEGGERA CHE SI RESPIRAVA IN QUEI LUOGHI FU IN GRADO DI SCIOGLIERE IL NODO CHE AVEVO NEL CUORE.
...SIAMO NOI DONNE CHE MANIPOLIAMO E ADDOMESTICHIAMO L'UCCELLO CHE BECCA.
IL SOLE E LA LUNA LO TENGONO INVISCHIATO E SCHIAVO DEI NOSTRI VOLERI. ALTRIMENTI, GLI TIRIAMO LE PIETRE PER STRADA!

* LOCANDA.

* BEVANDA MESSICANA OTTENUTA DAL LATTE FERMENTATO.

QUANDO FECI RITORNO A CITTÀ DEL MESSICO, RACCOLSI LE FOTOGRAFIE DI QUEI GIORNI E LE ESPOSI INSIEME AD ALTRE IN UNA MOSTRA ALL'UNIVERSIDAD NACIONAL AUTÓNOMA DE MEXICO. MA QUELLA FOTO CON L'AUTOSCATTO È STATA FORSE L'ULTIMA IMMAGINE DI UNA TINA SORRIDENTE.

LE COSE PRECIPITARONO NEL FEBBRAIO DEL 1930, QUANDO UN GIOVANE FANATICO CATTOLICO SPARÒ AL NEOELETTO PRESIDENTE PASCUAL ORTIZ RUBIO, FERENDOLO ALLA MANDIBOLA. L'ATTENTATO OFFRÌ AL GOVERNO UN PRETESTO IDEALE PER DEMOLIRE DEFINITIVAMENTE IL **P**ARTITO **C**OMUNISTA CON UNA SERIE DI ARRESTI E IO FUI UN FACILE BERSAGLIO PER I PERSISTENTI ECHI INFAMANTI DELL'OMICIDIO MELLA.

DOPO TREDICI GIORNI DI CARCERE FUI ESPULSA DAL MESSICO E IMBARCATA A VERA CRUZ CON ALTRI DUE COMUNISTI, SULLA NAVE DA CARICO TEDESCA EDAM DIRETTA A ROTTERDAM. CON MIA GRANDE SORPRESA, ALLO SCALO DI TAMPICO SALÌ A BORDO CON FALSE GENERALITÀ UN CAMUFFATO VITTORIO VIDALI DI RIENTRO A MOSCA.

ALL'ARRIVO DEL PORTO OLANDESE, NELL'UFFICIO IMMIGRAZIONE DELLA DOGANA MI ATTENDEVA UN DELEGATO DI MUSSOLINI CON UNA PERENTORIA RICHIESTA DI CONSEGNA DELLA "PERICOLOSA TERRORISTA" RICERCATA DALLE AUTORITÀ ITALIANE. L'ORGANIZZATO COMITATO D'ACCOGLIENZA DI SOCCORSO ROSSO RIUSCÌ A EVITARE L'ARRESTO GRAZIE A UN'AUTORIZZAZIONE DI SOGGIORNO IN GERMANIA A MIO NOME, DERIDENDO PERSINO L'ESAGERATA IMPOSIZIONE.
MENTRE ANCORA IL CUORE MI BATTEVA ALL'IMPAZZATA PER LO SCAMPATO PERICOLO, I COMPAGNI CI OFFRIRONO UN BUON PASTO E FESTEGGIARONO IL NOSTRO RIENTRO IN EUROPA. SUBITO DOPO MI SISTEMARONO SU UN TRENO, VERSO BERLINO E UN NEBULOSO FUTURO.
NA'CHINA MI AVEVA DETTO: «BUTTATI A TERRA, SFOGATI. TI RIALZERAI». E COSÌ HO FATTO. MI SONO PULITA IL VISO, LE MANI, LA GONNA SPORCHI DI TERRA E MI SONO RIALZATA!
E UNA VOLTA A BERLINO?
IL PERMESSO DURAVA SEI MESI. IN QUEL LASSO DI TEMPO DOVEVO CAPIRE COME SOPRAVVIVERE E DOVE ANDARE, EVITANDO DI CADERE NELLE MANI DEI FASCISTI.
BERLINO ERA UNA CITTÀ MOLTO BELLA, MA FREDDA E CON UN CIELO QUASI SEMPRE PLUMBEO. MI SISTEMAI IN UNA MODESTA PENSIONE GESTITA DA UNA FAMIGLIA COMUNISTA, NELL'AMARA CERTEZZA DI DOVER CANCELLARE RAPIDAMENTE IL PASSATO INSIEME ALLA CALDA LUCE DI UN MESSICO DAI MILLE COLORI.
IN UN ANGOLO DELLA STANZA AVEVO CREATO UN'ANGUSTA CAMERA OSCURA E PROVAI A FARE ALCUNE FOTOGRAFIE, RENDENDOMI SUBITO CONTO DI QUANTO IN POCHISSIMO TEMPO TUTTO FOSSE CAMBIATO IN MODO DIFFICOLTOSO E PRECARIO. E LA FOTOGRAFIA PERSE OGNI SIGNIFICATO CREATIVO ED ESISTENZIALE.
MI RIMANEVA SOLO EDWARD, POTERGLI DESCRIVERE GLI AVVENIMENTI, I MIEI PENSIERI, E LEGGERE LE SUE PAROLE.

...MAMMA E MERCEDES HANNO LASCIATO LA CALIFORNIA E SONO ANDATE A TRIESTE PER AIUTARE GIOCONDA COL PICCOLO TULLIO. HO INVIATO ALLA DIREZIONE DEL PARTITO UNA RICHIESTA DI COLLABORAZIONE CON SOCCORSO ROSSO DA SVOLGERE IN ITALIA, COSÌ DA STARE INSIEME A LORO.
SEI IMPAZZITA? TI ARRESTEREBBERO SUBITO!
INFATTI LA MIA DOMANDA È STATA RESPINTA, PROPRIO PER LE DIFFICOLTÀ CHE INCONTREREI AL MIO RIENTRO IN PATRIA.
MA ANCHE QUI NON SEI AL SICURO. LE CAMICE BRUNE DI HITLER STANNO PRENDENDO SEMPRE PIÙ POTERE E NON È UN SEGNALE INCORAGGIANTE NELLE ATTUALI DIFFICOLTÀ ECONOMICHE E LAVORATIVE DELLA GERMANIA.
SÌ, SÌ... L'ALTRO GIORNO, QUANDO LI HO VISTI SFILARE LUNGO LE STRADE, UN BRIVIDO MI HA ATTRAVERSATO TUTTO IL CORPO...!
ALLORA CAPISCI PERCHÉ NON PUOI RESTARE A BERLINO. L'UNICA CERTEZZA DI PROTEZIONE PUOI OTTENERLA SOLO IN RUSSIA.
NON LO SO, VITTORIO...
POTRESTI FARE LA FOTOGRAFA E LA TRADUTTRICE, COME FACEVI IN MESSICO, MA IN MODO PIÙ SICURO PER LA DIREZIONE CENTRALE DI MOSCA. IO RIENTRO TRA POCHI GIORNI, PUOI PARTIRE CON ME.
ORA PROVO A VEDERE SE ENTRO FINE MESE CAMBIA QUALCOSA QUI, CON GLI AMICI FOTOGRAFI CHE MI STANNO DANDO UNA MANO. MA TI PROMETTO CHE CI PENSO.

* RAMO SOVIETICO DI SOCCORSO ROSSO INTERNAZIONALE.

E VITTORIO?
IN RUSSIA AVEVA UNA MOGLIE E UNA FIGLIA. LA STASOVA NON TOLLERAVA NELL'ORGANIZZAZIONE SITUAZIONI AMBIGUE E, SAPENDO CHE LUI MI FREQUENTAVA, CI IMPOSE DI FIRMARE ALCUNI DOCUMENTI PER LA BUROCRAZIA INTERNA.
IL TEMPERAMENTO DI VITTORIO PRIVO DI INDECISIONI, MI DAVA SICUREZZA. MA IO AVEVO BEN POCO DA OFFRIRGLI, SE NON LA PARTE MENO SENTIMENTALE DI ME E L'ENORME GRATITUDINE PER AVERMI AIUTATA IN UN MOMENTO TERRIBILE.
NEL TEMPO TRASCORSO A MOSCA, ABBIAMO OPERATO FUORI DALLA RUSSIA SOTTO FALSO NOME E QUASI SEMPRE SEPARATI. IN FONDO IL MIO UNICO INTENTO ERA DI CONTRIBUIRE ALL'AIUTO DEI COMPAGNI IN DIFFICOLTÀ CON IL MEGLIO DELLE MIE RISORSE. PER QUELLO RICEVEVO UNO STIPENDIO ED ERO LÌ.
FINCHÉ NON ARRIVÒ IL MOMENTO BUIO, IN CUI NEL PARTITO COMINCIARONO A SERPEGGIARE I SOSPETTI DI STALIN SU POSSIBILI INFEDELTÀ ALLA SUA LINEA POLITICA. PERSINO VERSO VITTORIO, PER IL SUO CARATTERE ESTROVERSO E IRRUENTO.
NEL FRATTEMPO IN SPAGNA LE SITUAZIONE POLITICA ERA DIVENTATA MOLTO CRITICA. TANTO CHE, DOPO L'INATTESA VITTORIA DEL FRONTE POPOLARE ALLE ELEZIONI LEGISLATIVE DEL 1936, SI SAREBBE SCATENATA LA RIVOLTA DELL'ARISTOCRAZIA LATIFONDISTA E DI ALCUNI ALTI UFFICIALI DELL'ESERCITO, DANDO INIZIO A UNA SANGUINOSA GUERRA CIVILE TRA NAZIONALISTI E REPUBBLICANI.
CON VITTORIO CAPIMMO IMMEDIATAMENTE QUALE FOSSE PER NOI IL POSTO GIUSTO DOVE STARE... A COMBATTERE UN POTENZIALE NUOVO REGIME FASCISTA!
CONSIDERATA LA SITUAZIONE POLITICA INTERNA, ANCHE LA STASOVA LO AVEVA INTUITO. SOTTO L'IDENTITÀ DEL COMANDANTE CARLOS CONTRERAS, VITTORIO TORNÒ IN SPAGNA PER ORGANIZZARE E ADDESTRARE IL QUINTO REGGIMENTO DELLE BRIGATE INTERNAZIONALI A FAVORE DELLA REPUBBLICA...
...IO LO RAGGIUNSI POCO DOPO, PER I CONSUETI INTERVENTI DI SOCCORSO ROSSO, CON IL NOME DI MARIA CARMEN SANCHEZ. PER TUTTI SEMPLICEMENTE MARIA.

UN DETTAGLIO SINGOLARE, TI PARE?
CHE COSA?
ERA IL NOME DELLA MESSICANA NEL FILM *THE TIGER'S COAT*!
HAI RAGIONE, È VERO...! PROBABILMENTE È SOLTANTO UN NOME FACILE, NELLA MEMORIA DI TUTTI... ANZI, PER I LATINI PROFONDAMENTE RELIGIOSI, È SEMPRE STATO IL MIGLIORE. IN EGUAL MISURA, LO ERA PER IL MIO RUOLO AL SERVIZIO DELLA GENTE IN DIFFICOLTÀ.
MARIA.
PERCHÉ?
E LA TUA GRAFLEX?
POCO DOPO IL MIO ARRIVO IN RUSSIA L'AVEVO VENDUTA PER UNA PICCOLA E MODERNA LEICA, MALGRADO SENTISSI NEL PROFONDO QUANTO QUEL MESTIERE NON PROVOCASSE PIÙ IN ME ALCUNO STIMOLO. LA PRESTAI ALLORA AD ANGELO MASUTTI, UN GIOVANE IMMIGRATO FRIULANO ASSISTENTE DI VITTORIO NEL MOPR, CHE CI SCATTÒ QUALCHE FOTO INSIEME.
MA NON HAI PIÙ AVUTO NOSTALGIA DELLA FOTOGRAFIA?
NEL TENTATIVO DI INCORAGGIARMI A NON ABBANDONARE LA MACCHINA FOTOGRAFICA, IN SPAGNA ME LO CHIESERO ANCHE ROBERT CAPA E GERDA TARO. E PURE IL GIOVANE FOTOGRAFO DI GRANDE TALENTO MANUEL ALVAREZ BRAVO, CONOSCIUTO PRIMA DI LASCIARE CITTÀ DEL MESSICO E INCONTRATO DI NUOVO POCHI MESI FA.
DIVENTANDO UNA FOTOGRAFA, UNA CREATRICE DI IMMAGINI, HO TENTATO DI SEGUIRE IL MANTRA DI EDWARD, CIOÈ "RISOLVERE I PROBLEMI DELLA VITA NEI PROBLEMI DELL'ARTE". MA, CONTINUANDO A LOTTARE PER PLASMARE LA MIA ESISTENZA SECONDO IL MIO TEMPERAMENTO E I MIEI BISOGNI, AVEVO CONSTATATO CHE I PROBLEMI DELLA VITA ERANO UN OSTACOLO AI PROBLEMI DELL'ARTE.
IN ALTRE PAROLE HO MESSO TROPPA ARTE NELLA MIA VITA, TROPPA ENERGIA, E DI CONSEGUENZA NON MI È RIMASTO MOLTO DA DARE ALL'ARTE. PERTANTO LA RISPOSTA FU LA MEDESIMA PER TUTTI...
NON HO PIÙ NIENTE DA OFFRIRE ALLA FOTOGRAFIA, NÉ PIÙ NULLA DA FOTOGRAFARE.

LE VICISSITUDINI DEGLI ULTIMI ANNI MI HANNO LOGORATA LENTAMENTE, FINO A TOGLIERMI OGNI ENERGIA... COMPRESA QUELLA DI SFOGARE IL DOLORE VISSUTO IN UN PIANTO LIBERATORIO. COME SE MI AVESSERO RUBATO L'ANIMA E TUTTE LE LACRIME!
DURANTE LA GUERRA CIVILE DI SPAGNA?
LE CAUSE SONO TANTE, MA LE BARBARIE DI QUEL CONFLITTO RESTANO FERITE SANGUINANTI, INCANCELLABILI DAGLI OCCHI E DALLA MENTE.
DI FRANCISCO FRANCO E DEI NAZIFASCISTI SUOI ALLEATI ERA INTOLLERABILE LA FEROCE MATTANZA MIRATA SULLA POPOLAZIONE INERME DI VECCHI, DONNE E BAMBINI NEI RIPETUTI BOMBARDAMENTI DELLE CITTÀ, BEN LONTANO DAI QUARTIERI RICCHI. MADRID, GUERNICA, VALENCIA, BARCELLONA URLANO ANCORA OGGI LA PROPRIA ORRENDA TRAGEDIA!
-RATATATA-TATATATA-TATATATA-TATATATATA-
SANATORIO
TUBERCOLOSIS INFANTIL
SONO SOLO BAMBINI! SOLO BAMBINIII!!!

* MATILDE LANDA E MARIA LUISA LAFITA CON CUI TINA AMMINISTRAVA L'HOSPITAL OBRERO DI MADRID.
** JUAN PLANELLES, NOTO COME *IL MEDICO ROSSO* PER LA FEDE COMUNISTA.

HAI LA PELLE TUTTA BRUCIACCHIATA.
L'INTERROGATORIO DEI PRIGIONIERI È IMPEGNATIVO.
CON LA PISTOLA?
TINA, È GIUSTO COSÌ. ADESSO NON C'È ALTRO MODO!
COSÌ, A FREDDO...
MI BASTA SAPERE CHE SONO FASCISTI.
SONO SOLO FECCIA. SE POTESSI, LI SPAZZEREI VIA IN UN COLPO SOLO!
LO CAPISCO NEGLI SCONTRI. NON SO COME TU RIESCA A...
NON È TEMPO DI BONTÀ O DI PROCESSI. USARE LE ARMI PER UNA GIUSTA CAUSA, È SEMPRE LEGITTIMO.
LA CAUSA DI STALIN O LA NOSTRA?

QUELLO CHE FANNO I NAZIONALISTI A QUESTO PAESE LO HAI VISTO PRIMA SUI MINATORI DELLE ASTURIE E LO VEDI ORA TUTTI I GIORNI IN OSPEDALE E PER LE STRADE! DOBBIAMO FERMARE QUESTI IGNOBILI SOPRUSI ALLA LIBERTÀ DI UN POPOLO!
CERTO, SIAMO QUI APPOSTA. MA... PERCHÉ ANCHE I COMPAGNI?
ANARCHICI E TROTZKISTI NON SONO COMPAGNI!
CONOSCI LE DIRETTIVE DI STALIN. PER VINCERE È NECESSARIO SEGUIRE SENZA DISCUTERE LA SUA LINEA POLITICA. CHI NON LA CONDIVIDE È UN NEMICO CHE VA ELIMINATO PER NON INDEBOLIRE LA RUSSIA E QUELLI ENDEMICI SONO I PEGGIORI!
CONCORDO SUL RIGORE, MA SONO I FASCISTI IL VERO NEMICO SU CUI CONCENTRARE TUTTE LE FORZE PER NON PERDERE LA GUERRA CHE STIAMO COMBATTENDO STRENUAMENTE. LE DIVISIONI INTERNE MI SEMBRANO IN QUESTA SITUAZIONE UNA VERA ASSURDITÀ... UN CIECO INDEBOLIMENTO IN UNA LOTTA COMUNE!
CALMATI, TINA. CAPISCO COSA VUOI DIRE, MA SEI SOLO SCONVOLTA PER LA MORTE DI TUA MADRE.
GIÀ... SONO IN QUESTO INFERNO SENZA AVER POTUTO ABBRACCIARE NEMMENO LEI... PER L'ULTIMA VOLTA.
SEI SEMPRE IN PRIMA LINEA SENZA MAI UN LAMENTO. IL LAVORO CHE SVOLGI QUI IN OSPEDALE È UN CONFORTO INDISPENSABILE PER MOLTE PERSONE. PORTARE AIUTO AI MALATI, ORGANIZZARE I SOCCORSI CON LE AMBULANZE, DARE UNA MANO NELLE CUCINE, RICHIEDONO IL SACRIFICIO E LA DEDIZIONE DI UNA DONNA FORTE COME TE.
...L'UNICO SOGNO CHE RIMANE A QUESTA DONNA È LA VITTORIA DEL POPOLO SPAGNOLO.

MA QUEL SOGNO, LA SPERANZA DI FERMARE IN SPAGNA IL DILAGARE DEL FASCISMO CHE AVEVA INVASO ANCHE LA MIA TERRA, SI TRASFORMÒ PRESTO IN UNO SCONFORTO DISPERATO E IN UNO SMARRIMENTO TOTALE. IL MANCATO INTERVENTO UFFICIALE DI FRANCIA E INGHILTERRA, AL FIANCO DELLA LEGITTIMA REPUBBLICA ELETTA DAI CITTADINI, RESE QUELLA CAUSA IRRIMEDIABILMENTE PERDUTA. DALLA CATALOGNA AIUTAMMO MOLTE PERSONE A FUGGIRE IN FRANCIA E NOI CI RIFUGIAMMO A PARIGI.
A CAUSA DELL'EPURAZIONE DI STALIN IN ATTO TRA I VERTICI DELL'ESERCITO E DEL PARTITO, CHE COMPRENDEVA LA STESSA STASOVA ACCUSATA DI "TROTZKISMO", I COMPAGNI FRANCESI DI SOCCORSO ROSSO CI CONSIGLIARONO DI NON RIENTRARE IN RUSSIA E DI ANDARE NELLE AMERICHE SEPARATAMENTE.
AVREI VOLUTO TORNARE NEGLI STATI UNITI, DOVE C'ERA ANCORA PARTE DELLA MIA FAMIGLIA. MA ANCHE LÌ ERO SEGNALATA COME "PERSONA INDESIDERATA".
IN QUELL'APRILE DEL 1939, SULLA BANCHINA DEL PORTO DI NEW YORK, YOLANDA ASPETTÒ INVANO DI VEDER SCENDERE DALLA *QUEEN MARY* LA SORELLA CHE NON ABBRACCIAVA DA ANNI.
IL GOVERNO AMERICANO ERA RESTIO AD ACCETTARE I REPUBBLICANI IN FUGA DALL'EUROPA E LI TENNE CONFINATI SULLA NAVE. MALGRADO SAPESSI VITTORIO NASCOSTO DA QUALCHE PARTE DELLA CITTÀ IN ATTESA DEL MIO ARRIVO, DOPO UNA SETTIMANA MI IMBARCAI SUL PIROSCAFO *SIBONY* DIRETTO IN MESSICO, DISPONIBILE AD ACCOGLIERE 50.000 SPAGNOLI.
MENTRE MI AVVICINAVO AL PORTO DI VERA CRUZ, IL MIO CERVELLO QUASI IMPAZZÌ AL PENSIERO CHE QUALCUNO POTESSE RICONOSCERE IN CARMEN RUIZ SANCHEZ LA TINA MODOTTI ESPULSA NEL 1930.
PERÒ RIUSCII A PASSARE, MENTRE IL CUORE SEMBRAVA VOLERMI USCIRE DAL PETTO.
IL DELEGATO DEL PARTITO MI CONDUSSE NELLA VERDE CITTADINA DI SAN ANGEL, A SUD DI CITTÀ DEL MESSICO, RAGGIUNGENDO VITTORIO CHE NEL FRATTEMPO ERA SFUGGITO AGLI AGENTI DELL'FBI E VIVEVA IN PENSIONE NELLA CASA DEL DIPLOMATICO SPAGNOLO MARTIN DIAZ COSSIO E DELLA MOGLIE ISABEL CARBAJAL.
SE ALLA DOGANA AVESSERO SCOPERTO IL TENTATIVO ILLEGALE DI INGRESSO NEL PAESE, LE CONSEGUENZE PER TINA MODOTTI SAREBBERO STATE INSOSTENIBILI DOPO ANNI DI PAURE E SOFFERENZE.

* ACCADEMICO, STORIOGRAFO E SCRITTORE SPAGNOLO, AMICO DI TINA SIA NEL PRIMO CHE NELL'ULTIMO PERIODO MESSICANO.

COLONIA JAREZ
AVENIDA
MORELOS
MEXICO CITY
ANCORA GRAZIE, ADELINA. LA TUA OSPITALITÀ È IMPAGABILE, MA APPENA TROVIAMO UNA CASA, TOGLIAMO IL DISTURBO.
ESSERE AMICI VUOL DIRE AIUTARE CHI È IN DIFFICOLTÀ. POTETE RIMANERE QUANTO VOLETE.
TINA, COSA C'È CHE NON VA? SEMBRI IL FANTASMA DI QUELLA CHE ERI, SEI SEMPRE PALLIDA E TRISTE...
È CHE IN SPAGNA... HO VISTO TROPPO ORRORE.
CREDO CHE L'OMBRA DI JULIO ANTONIO NON TI ABBIA ABBANDONATA.
STARE QUI, NELLA TUA CASA... A DUE ISOLATI DA DOVE È STATO UCCISO, MI FA RIVIVERE QUELLE ESPE-RIENZE...
...MI SEMBRA DI VEDERLO A OGNI ANGOLO.
SEI SEMPRE COSÌ DELICATA E GENTILE, UN ANGELO... ANCHE SOLO PER LE CALENDULE CHE MI FAI TROVARE SULLA TAVOLA APPARECCHIATA TUTTE LE SERE.
PER QUESTO NON CAPISCO COME TU POSSA STARE CON UN UOMO COSÌ... TERRIFICANTE!
SONO LEGATA A LUI A DOPPIO FILO, PER SEMPRE. FINO ALLA MORTE.

VITTORIO, COSA SIGNIFICA QUESTO ACCORDO DI STALIN CON HITLER?
IL PATTO DI NON AGGRESSIONE STIPULATO DAI MINISTRI DEGLI ESTERI MOLOTOV E RIBBENTROP È SOLO UN ATTO POLITICO IN DIFESA DEL POPOLO RUSSO.
QUELLO CHE VUOI, MA LA FIRMA DI STALIN SU QUEL DOCUMENTO È IL TRADIMENTO DI OGNI IDEALE SOCIALISTA!
TU SEI UNA DONNA DALLE CONVINZIONI FORTI, MA UTOPISTICHE. LE STRATEGIE POLITICHE RICHIEDONO DECISIONI A VOLTE NON SEMPRE COMPRENSIBILI.
DOPO TUTTO QUELLO CHE ABBIAMO PASSATO, QUESTA COSA MI DISGUSTA!
INVECE IO APPROVO LA SUA IDEA DI TEMPOREGGIARE PER ORGANIZZARE MEGLIO UNA DIFESA.
POTRÒ NON CAPIRE CERTE SOTTIGLIEZZE, MA L'ESEMPIO DI MIO PADRE MI HA INSEGNATO CHE NON SI PUÒ MERCANTEGGIARE SULLA PELLE DELLE PERSONE. UN IDEALE È SACRO COME UNA RELIGIONE!
LA GUERRA È ALTRA COSA DALLA RELIGIONE. TUTTI I MODI POSSONO ESSERE VALIDI PER CONTRASTARE LA FORZA MILITARE DI HITLER.
OK, È TUTTO OK, MA IO CON HITLER... MAI!

QUELL'EPISODIO MI HA SCONVOLTO LA MENTE, DISTRUGGENDO DI COLPO OGNI MIA FEDE POLITICA E LA FIDUCIA IN QUALCOSA A CUI AVEVO DEDICATO TUTTA ME STESSA...
...COME UN SOFFIO CHE DISSOLVE UN CASTELLO DI CARTE.
È COSÌ, LE FORTI DELUSIONI HANNO EFFETTI DEVASTANTI.
È STATA LA GOCCIA CHE HA FATTO TRABOCCARE UN VASO GIÀ COLMO DI RABBIA E DOLORE... FACENDOMI SENTIRE NUDA, INDIFESA DAVANTI AI TRAGICI AVVENIMENTI DEGLI ULTIMI DIECI ANNI!
IL VELO CHE COPRIVA I MIEI OCCHI ERA CADUTO E POTEVO VEDERE TUTTO QUELLO CHE AVEVO FATTO, NELLA PIENA CONVINZIONE DI FARE LA COSA GIUSTA.
NOSTRO PADRE CI CONFIDAVA SPESSO IL SUO IDEALE: «LA FORZA DEI POVERI UN GIORNO DOMINERÀ IL MONDO!». E CERCAVA DI RENDERLO CONCRETO CON LA PROPRIA ATTIVITÀ POLITICA IN DIFESA DELLA CLASSE OPERAIA.
PURTROPPO HO CAPITO TARDI LA REALE DIFFERENZA TRA I PENSIERI SOCIALISTI DI PAPÀ E QUELLI DI STALIN.
DIFFERENZE CHE HAI AVUTO SEMPRE SOTTO GLI OCCHI, MA DIFFICILI DA VEDERE SE SI GUARDA IN UN'UNICA DIREZIONE.

SE RIPENSO A DIEGO, XAVIER, JULIO... OGNUNO AVEVA UNA PERSONALE IDEA DI COMUNISMO COMUNQUE RIVOLTA SEMPRE AL BENE DEL PROPRIO PAESE, MENTRE GIÀ IN MESSICO LE MOTIVAZIONI DI VITTORIO ERANO DIVERSE... MA, È VERO, ALLORA VEDEVO SOLTANTO LA CONDIZIONE DEI POVERI, SENTENDOMI SPESSO IN COLPA PER AVER PERSO TEMPO IN COSE FRIVOLE COME IL TEATRO, IL CINEMA, LA MONDANITÀ...
ALLORA QUELLA ERA UNA CONDIZIONE CHE CONOSCEVI BENE, MOLTO MENO LE TANTE INTERPRETAZIONI DI UNA MEDESIMA TEORIA POLITICA, COMPRESE SOLO IN SEGUITO.
IL DESTINO MI HA COSTRETTA A SEGUIRE VITTORIO IN VICENDE COMPLICATE...
...COINVOLGENDOMI ANCHE IN SITUAZIONI TRAGICHE.
ERA INEVITABILE.
MA IO... OPERANDO IN SOCCORSO ROSSO, VOLEVO OCCUPARMI SOLO DI CHI AVEVA BISOGNO DI AIUTO...
...INVECE MI SENTO RESPONSABILE... DI FATTI ORRIBILI.
RESPONSABILE DI COSA?
DI ALCUNE PERSONE ELIMINATE PER COMPIACERE IL VOLERE DI STALIN.
TU NON HAI MAI FATTO DEL MALE A QUALCUNO, NÉ TANTOMENO USATO ARMI.
MA NON HO FATTO NULLA PER IMPEDIRE CHE ACCADESSE... È COME SE AVESSI PARTE-CIPATO ANCHE IO!

AGLI OCCHI DEGLI ALTRI, ANCHE DI QUELLI CHE UN TEMPO ERANO CARI AMICI, SEMBRAVAMO UN'AFFIATATA COPPIA BOLSCEVICA CHE AGIVA PER CONTO DEL CREMLINO IN MODO RISOLUTO, PIENAMENTE CONSAPEVOLE DEL PROPRIO IMPEGNO POLITICO...
...IN REALTÀ QUELLA RELAZIONE ERA DA TEMPO SOLTANTO UNA FACCIATA, APPROVATA DAL PARTITO PER MOTIVI INTERNI. L'AMORE E LA GIOIA DI VIVERE ERANO MORTI INSIEME JULIO. RESTAVA SOLO LA MILITANZA COMUNISTA.
LA FEDE ANTIFASCISTA E LA RIGIDA DISCIPLINA CHE MI ERO IMPOSTA GIUSTIFICAVA CERTE NECESSITÀ A UNA DETERMINATA LINEA POLITICA, MENO CHE...
IL TUO DISSENSO L'HAI ESTERNATO E HAI PRESO LE DISTANZE COME POTEVI. IN QUELLE CIRCOSTANZE, NON ERA COSA FACILE!
RICORDO ANCORA L'ASPRO LITIGIO AVVENUTO UNA VOLTA TRA VITTORIO E IL GENERALE SPAGNOLO VALENTÍN GONZÁLEZ, AL QUALE UN GIORNO DISSI DISPERATA: «AVRESTI DOVUTO SPARARGLI. AVRESTI FATTO UNA COSA BUONA. È UN ASSASSINO!».
L'ANSIA E IL SENSO DI COLPA DI QUEI GIORNI MI OPPRIMONO ADESSO PIÙ DI ALLORA, SENZA ALCUNA POSSIBILITÀ DI SOLUZIONE...
LO ODIO CON TUTTA ME STESSA, MA DEVO RESTARE CON LUI IN QUESTA FARSA.
SONO STATI D'ANIMO COMPRENSIBILI PER L'ANGOSCIA CHE TI PORTI DENTRO DA TROPPI ANNI, PUR TENTANDO DI SEPPELLIRE IL TUMULTO DELLE EMOZIONI NELLE FERREE REGOLE DI PARTITO.
SOLO DA POCO HO SENTITO UN PO' DI SOLLIEVO, GRAZIE ALLA BUONA PAROLA DI ALCUNI AMICI INFLUENTI CHE HA CONVINTO IL PRESIDENTE USCENTE CÁRDENAS AD ANNULLARE L'ESPULSIONE DEL 1930 E A RICONOSCERMI LO STATO LEGALE DI RIFUGIATA POLITICA. MA QUELL'ANGOSCIA... NON PASSA!

* COPERTURA DI JAIME RAMÓN MERCADER DEL RIO, SICARIO DEL NKVD SOVIETICO RIVELATA NEL 1953 (1934-1946).

NEL BENE E NEL MALE, OGNUNO DI NOI È RESPONSABILE SOLTANTO DELLE PROPRIE AZIONI. COSÌ QUELLE DI VITTORIO APPARTENGONO A VITTORIO E, SE HA COMMESSO DEI CRIMINI, LA RESPONSABILITÀ È UNICAMENTE SUA.
LA COMPLICITÀ CHE PROVI DERIVA DAGLI ANNI PASSATI CON LUI PER SOPRAVVIVERE ALLE TRAGICHE VICENDE CHE HANNO STRAVOLTO LA TUA ESISTENZA E DA UN'APPARENTE CONDIVISIONE IDEOLOGICA. IN REALTÀ IL TUO UNICO DESIDERIO È COMBATTERE IL FASCISMO CHE OFFENDE IL TUO IDEALE DI GIUSTIZIA E TI TIENE LONTANA DA CASA E FAMIGLIA.
AL CONTRARIO LE AZIONI DI VITTORIO SEGUONO DA SEMPRE UN'ORTODOSSIA DI PENSIERO PRIVA DI DUBBI, SIA CONTRO I FASCISTI CHE CONTRO I COMPAGNI CHE NON CONDIVIDONO LA SUA IDEA POLITICA. PER LUI NON ESISTONO LIMITI ETICI O MORALI PER RAGGIUNGERE UN OBIETTIVO.
È UN ABILE ANIMALE DA COMBATTIMENTO CHE SI MUOVE SENZA SCRUPOLI NEL PROPRIO ELEMENTO, AGILE ED EFFICIENTE COME UN PESCE NELL'ACQUA.
PERÒ PUOI VEDERE ANCORA UN ALTRO ASPETTO.
QUALE?
PER QUALCHE RAGIONE PERSONALE O PERCHÉ INVAGHITOSI DI TE DAL PRIMO MOMENTO, A BERLINO VITTORIO HA INSISTITO PIÙ VOLTE NEL PROPORTI UN RIFUGIO SICURO IN RUSSIA, PRIMA CHE HITLER PRENDESSE IL POTERE IN GERMANIA...
...CHE AVREBBE SIGNIFICATO LA CONSEGNA IMMEDIATA DELLA "PERICOLOSA SOVVERSIVA ANTIFASCISTA" TINA MODOTTI DIRETTAMENTE NELLE MANI DI MUSSOLINI!

TRATTIENI SOLO QUESTO. IL RESTO NON TI APPARTIENE.
MENTRE SEI CONSAPEVOLE DELLA DELICATA ESSENZA NATURALE CHE TI PORTA A COMPRENDERE ANCHE IL BENE DELL'ALTRO E LE SUE NECESSITÀ, OLTRE ALLE TUE.
PROVA A RICORDARE LA GELIDA SERA A UDINE, MENTRE TORNI A CASA DAL SETIFICIO DOVE OGNI GIORNO LAVORI AI ROCCHETTI DEI FILATI CHE TI TAGLIANO TANTO LE DITA...
CLAC
TINA!
INDOVINATE COSA VI HO PORTATO!

PANE, FORMAGGIO E SALAME. BASTERÀ FINO A DOMANI!
CHE BELLO! COME L'HAI AVUTO?
BE'... SAPETE LA SCIARPA BLU CHE MI HA REGALATO ZIA MARIA?
NON MI PIACEVA PER NIENTE... LE RAGAZZE DELLA FABBRICA INVECE L'AMMIRAVANO TANTO...
COSÌ HO DECISO DI BARATTARLA! NON È STATA UNA BUONA IDEA?
MAMMA, NON PIANGETE. DAVVERO, NON MI PIACEVA...
DAVVERO, MAMMA. DAVVERO.

ERO INNAMORATA DI QUELLA SCIARPA BLU. L'UNICO CAPO DI QUALITÀ CHE POSSEDESSI... MA ERA PIÙ IMPORTANTE SFAMARE I MIEI FRATELLI.
UNA PICCOLA BUGIA PER UN GESTO GENEROSO E DI GRANDE CORAGGIO PER UNA BAMBINA. FAME E MISERIA UNISCONO UNA FAMIGLIA PIÙ DELLA RICCHEZZA.
NON ESISTEVA ALTRA SCELTA. PAPÀ NON CI POTEVA MANDARE GRANCHÉ E IO ERO ABBASTANZA GRANDE PER GUADAGNARE QUALCHE SOLDO.
ANCHE SE MI PIACEVA STUDIARE, DOPO LA SUA PARTENZA PER L'AMERICA, A MALINCUORE HO DOVUTO LASCIARE LA SCUOLA PER LAVORARE IN FABBRICA.
PER FORTUNA HAI LA MENTE COME UNA SPUGNA CHE ASSORBE OGNI COSA CON FACILITÀ.
SPECIALMENTE LE LINGUE. ANCHE CON ROBO... LUI MI INSEGNAVA IL FRANCESE IN CAMBIO DEL MIO ITALIANO.
PIÙ CHE ITALIANO, ERA IL FRIULANO CHE SI PARLAVA IN CASA.
LO DICEVA ANCHE LA MAESTRA. PERÒ, AVENDO PASSATO L'INFANZIA IN AUSTRIA, PARLAVO IL TEDESCO!
È STATO UTILE A MOSCA, VISTO CHE LO USANO COME LINGUA UFFICIALE DOPO LA LORO.
NELLA VITA HO CONOSCIUTO MOLTE PERSONE DI GRANDE INTELLIGENZA E CULTURA. CONOSCERE QUALCHE LINGUA STRANIERA, MI HA PERMESSO DI SENTIRMI MENO INADEGUATA VICINO A CHI SAPEVA TANTO E CHE ASCOLTAVO CON GRANDE INTERESSE.
CHISSÀ... FORSE, SENZA LA GIOIA DI UN FIGLIO, L'AMORE CHE HO PROVATO PER ALCUNI UOMINI ERA L'ESIGENZA FISICA DI CONDIVIDERE TUTTO, ANCHE QUELLA CONOSCENZA CHE A ME MANCAVA, DI ESSERE UNA COSA SOLA CON LORO E CON CIÒ CHE MI AFFASCINAVA.
O FORSE... ERA SOLTANTO IL DESIDERIO DI DARE IL MIO AMORE A QUALCUNO, COME AVEVA DETTO LA MIA ADORATA MAMMA.

* PSEUDONIMO DEL POETA CILENO RICARDO E.N.REYES BASOALTO. FU CONSOLE GENERALE A CITTÀ DEL MESSICO DAL 1940 AL 1943.

* SIMONE TÉRY, CORRISPONDENTE DI GUERRA RIFUGIATASI IN MESSICO IN SEGUITO ALL'INVASIONE TEDESCA IN FRANCIA.

ABBIAMO FATTO IL GIRO DI TUTTI GLI OSPEDALI. NESSUNO LO VOLEVA. ALLA FINE SIAMO RIUSCITI A FARLO RICOVERARE ALLA CROCE VERDE.
SE QUEL VECCHIO SI È SALVATO, LO DEVE SOLO ALLA TUA INSISTENZA.
ERA TROPPO MALANDATO. NON POTEVO ABBAN-DONARLO.
HAI UN'INDOLE COMPASSIONEVOLE CHE TI SPINGE AD AGIRE PER ALLE-VIARE LE SOFFERENZE ALTRUI. DA PICCOLA HAI PATITO TROPPI STENTI, NELLA POVERTÀ DEL PROSSIMO RI-VEDI INEVITABILMENTE LA MISERIA DELLA TUA VITA IN FRIULI.
LA MIA VITA È UN FALLIMENTO IN TUTTO. NELL'ARTE, NELLA FOTOGRA-FIA, NELL'AMORE... ANCHE NELLA LOTTA CONTRO IL FASCISMO!
SONO STANCA, NON NE POSSO PIÙ DI QUESTA OPPRESSIONE CHE MI TOGLIE IL RESPIRO, DI AVERE SEMPRE PAURA. SONO STANCA, STANCA...
INVECE HAI FATTO QUALCOSA DI GRAN-DE IMPORTANZA.
EDWARD TI HA RIVELATO I SEGRETI DELLA CAMERA OSCURA E LA SUA VISIONE CREATIVA DI FOTOGRAFARE LA PURA ESTETICA DELLE COSE SENZA ALCUNA PARTECIPAZIONE EMOTIVA.
MENTRE TU, CON IL TUO MODO DI FARE FOTOGRAFIA, HAI DOCUMENTATO LA NATURA INNATA DEL POPOLO MESSICANO. UOMINI, DONNE, BAMBINI CHE VIVONO LA POVERTÀ DI TUTTI I GIORNI IN MODO FIERO E DIGNITOSO. HAI FISSATO IL LORO VISO, LE MANI, IL CORPO, LA FATICA, LA GIOIA, IL DOLORE, LA CONTINUA LOTTA PER L'ESISTENZA. QUESTA GENTE CONTINUERÀ A VIVERE NEGLI SGUARDI DEL MONDO, GRAZIE AL TUO ANIMO SENSIBILE.
PER SEMPRE.
DAVVERO?
CHIUDI GLI OCCHI E RESPIRA PROFONDAMEN-TE...

...LASCIA ANDARE LA MENTE ALLE DONNE DI TEHUANTEPEC...
...AUTENTICHE, INDOMITE, ANTICO-LONIALISTE...
...A QUANTO LE TEHUANAS, NELL'ATTEGGIAMENTO REGALE E NELLE PAROLE, HANNO RISPECCHIATO IN TE L'ORGOGLIO DI ESSERE FEMMINE...
...NELLA DOLCE SENSAZIONE DI AVERE JULIO ANCORA LÌ... CON TE...
...MENTRE CON TENEREZZA... TI SFIORA LE LABBRA... E POI ...OLTRE.

HOSPITAL
GENERAL
RECEPCION

EPILOGO

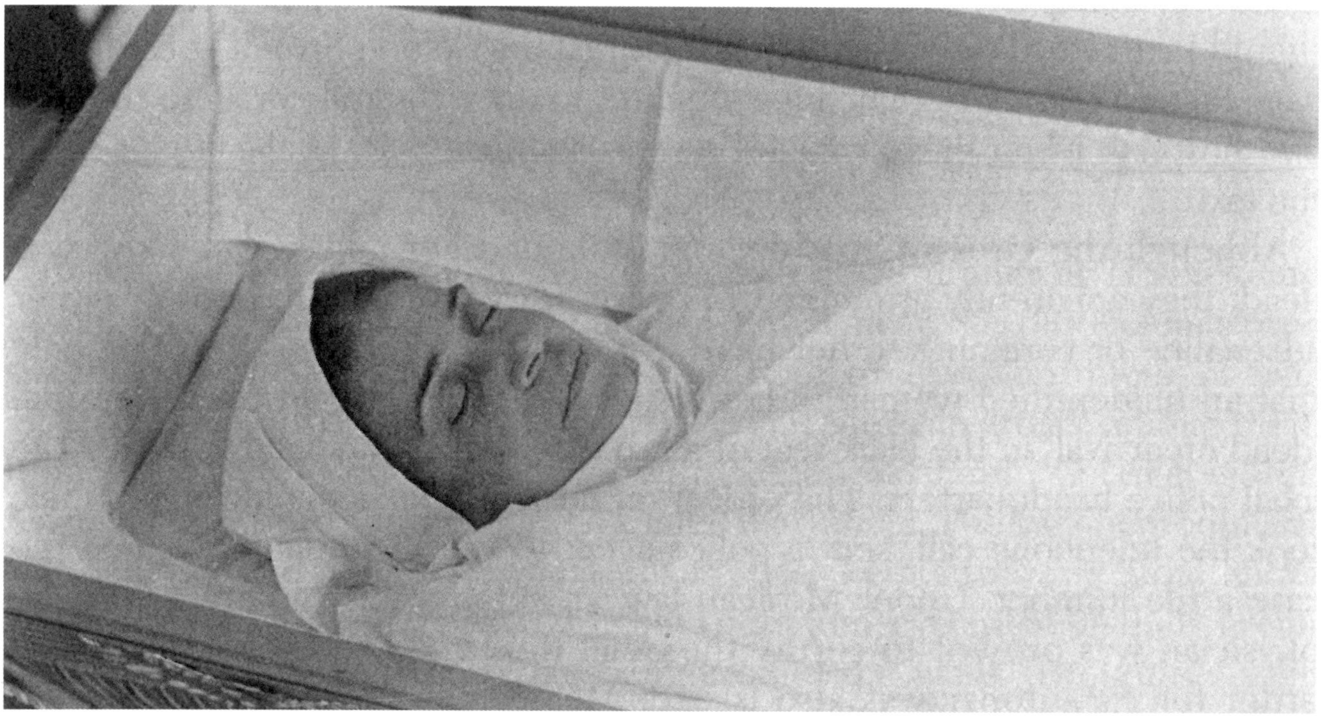

ASSUNTA ADELAIDE LUIGIA SALTARINI MODOTTI, CONOSCIUTA SEMPLICEMENTE COME TINA MODOTTI, ABBANDONÒ LA PROPRIA VITA NELLA NOTTE TRA IL 5 E IL 6 GENNAIO 1942 A BORDO DEL TAXI CHE LA STAVA PORTANDO A CASA, DOPO LA SERATA TRASCORSA CON GLI AMICI HANNES E LENA MEYER.
LONTANO DALL'ITALIA E DA UDINE DOVE ERA NATA 46 ANNI PRIMA.
CONSTATATO IL DECESSO, IL MEDICO DI TURNO ALL'OSPEDALE GENERALE ESORTÒ LO SCONVOLTO TAXISTA, FEDERIGO TREJO, A PORTARE LA SALMA ALLA CROCE VERDE, ASSOCIATA CON L'OBITORIO.
IL REFERTO DELL'AUTOPSIA ESEGUITA DAL DOTT. ARMANDO ZARATE RIPORTA LA SEGUENTE DIAGNOSI: "ARRESTO CARDIACO E CONGESTIONE VISCERALE GENERALIZZATA [...] CAUSATA DA UNA LESIONE AL CUORE [...] AORTA E CORONARIE PARZIALMENTE OSTRUITE [...] POLMONI PIENI DI FLUIDO [...]".
IN POCHE PAROLE, ARTERIOSCLEROSI E INFARTO. NONOSTANTE FOSSERO STATI ORDINATI ULTERIORI ACCERTAMENTI, UN GIUDICE POSE FRETTOLOSAMENTE LA FIRMA SUL CERTIFICATO DI MORTE DELLA "CASALINGA TINA MODOTTI, SPOSATA CON CARLOS JIMÉNEZ CONTRERAS" (N.156273, 7 GENNAIO 1942, REGISTRO CIVILE DI CITTÀ DEL MESSICO).
PER LA SUA MILITANZA COMUNISTA, LA POSSIBILE CONOSCENZA DI SEGRETI POLITICI RELATIVI AL COMINTERN O AL SUO COMPAGNO, E PER UNA PRESUNTA VITA SCANDALOSA E POCO CHIARA, LA MORTE DI TINA FECE SCATENARE IMMEDIATAMENTE LA STAMPA MESSICANA IN UNA SERIE DI IPOTESI POLITICHE E DELITTUOSE CHE COINVOLGEVANO VITTORIO VIDALI.
PER TALE MOTIVO IL POETA CILENO PABLO NERUDA INTERVENNE IN DIFESA DELL'AMICO E DELLA PROPRIA FEDE POLITICA, SCRIVENDO D'IMPULSO UNA POESIA LA CUI PARTE INIZIALE RIVOLTA A TINA È INCISA SULLA LAPIDE DELLA TOMBA CHE LA RICORDA NELL'IMMENSO CIMITERO DEL PANTHEON DE DOLORES.
IL FRATELLO BENVENUTO DICHIARÒ A UN QUOTIDIANO AMERICANO DI ESSERE A CONOSCENZA CHE TINA FOSSE MALATA DI CUORE. MERCEDES, AL CONTRARIO, SI DISSE SORPRESA E IGNARA DI PRECEDENTI DIAGNOSI SU PATOLOGIE CARDIACHE DELLA SORELLA.
A OGGI, ALTRE VERITÀ O CAUSE DELL'IMPROVVISO TRAPASSO NON SONO STATE TROVATE O COMPROVATE.
E NEMMENO È LO SCOPO DI QUANTO APPENA NARRATO.

MALGRADO LE MORTALI MOTIVAZIONI RIPORTATE DAL REFERTO AUTOPTICO, ADELINA E GLI AMICI CHE EBBERO MODO DI VEDERE NELLE PRIME ORE IL CADAVERE ALL'OBITORIO, COMPOSTO SULLA STESSA LASTRA DI CEMENTO DOVE GIACEVA IL CORPO PRIVO DI VITA DI JULIO ANTONIO MELLA NEL GENNAIO DEL 1929, CONSTATARONO STUPITI LA SERENITÀ DEL VOLTO DI TINA SFIORATO DA UN LEGGERO SORRISO, COME SE DORMISSE IN PACE.

QUESTA RAPPRESENTAZIONE DEGLI AVVENIMENTI SI CONCLUDE CON LA POESIA, DAGLI ECHI QUASI PROFETICI, SCRITTA DA TINA IN MEMORIA DI ROBO E APPARSA SULLA PRESTIGIOSA RIVISTA NEWYORKESE «THE DIAL» NEL 1923.

Mi piace farmi dondolare dal cielo
E cadere giù sull'Europa.
Rimbalzare di nuovo in alto come una palla di gomma.
Allungare una mano giù sul tetto del Cremlino.
Rubarne una tegola.
E gettarla al kaiser.
Sii buono;
Dividerò la Luna in tre parti.
La più grande sarà la tua.
Non mangiarla troppo in fretta.

Ringraziamenti

Gli autori sono grati a Riccardo Toffoletti del *Comitato Tina Modotti* di Udine, oggi scomparso, per la calda accoglienza, i particolareggiati racconti, la visita ai luoghi biografici e la cortese disponibilità nella documentazione delle sue ricerche e dei convegni.

Ringraziano di cuore il fotografo Uliano Lucas per i preziosi consigli, lo scrittore Pino Cacucci per alcuni confronti sul tema e tutti coloro che sono stati di aiuto nei complessi approfondimenti biografici.

Un grazie particolare a Patricia Albers e a Elena Poniatowska, i cui testi sono stati di ispirazione in alcuni particolari passaggi del racconto.

Un ringraziamento finale va ai molti libri rivelatisi indispensabili compagni di viaggio, fondamentali nel confronto biografico e nelle fonti fotografiche, durante gli anni necessari alla costruzione dell'opera.

Una buona parte di quei volumi sono citati nella Bibliografia che segue.

Bibliografia

I lettori che volessero approfondire la breve vita di Tina Modotti possono fare riferimento al seguente elenco di volumi.

I titoli riportati sono affidabili e indispensabili per comprendere a fondo la figura di una donna dalle esistenziali vicende controverse, inconsapevole antesignana della moderna condizione femminile e dell'innovativa opera fotografica consegnata alla Storia.

Vita, arte e rivoluzione. Tina Modotti, Lettere a Edward Weston (1922-1931). A cura di Ventina Agostinis. Abscondita Srl, Milano 2008.

Vita di Tina Modotti. Fuoco, Neve e Ombre. Patricia Albers. Postmedia Srl, Milano 2003.

Tina Modotti. Verità e leggenda. Christiane Barckhausen-Canale. Giunti Edizioni, Firenze 2003.

Tina Modotti. Sulla fotografia sovversiva. Pino Bertelli. NdA Press, Rimini 2008.

Tina. La vita avventurosa di una donna straordinaria. Pino Cacucci. Longanesi & C., Milano 1994.

Tina Modotti. Una vita nella storia. Comitato Tina Modotti. Udine 1995.

Tina Modotti. A fragil life. Mildred Constantine. Chronicle Books, San Francisco 1993.

Tina Modotti. Radical photographer. Margaret Hooks. Da Capo Press, USA 2000.

Tinissima. Elena Poniatowska. Frassinelli, Milano 1997.

Tina Modotti. Arte Vita Libertà. Riccardo Toffoletti. Il Ramo d'Oro Editore, 2001.

Volumi di Ivo Milazzo
già pubblicati in questa collana:

Impeesa– ISBN: 978-88-36270-13-2
Un drago a forma di nuvola – ISBN: 978-88-94818-84-0
Il Boia Rosso – ISBN: 978-88-94818-58-1
L'emozione delle immagini – ISBN: 978-88-94818-52-9
Uomo Faber – ISBN: 978-88-94818-23-9

La casa editrice
del fumetto d'autore

edizioninpe.it